Das
Kamasutra
des Vatsyayana

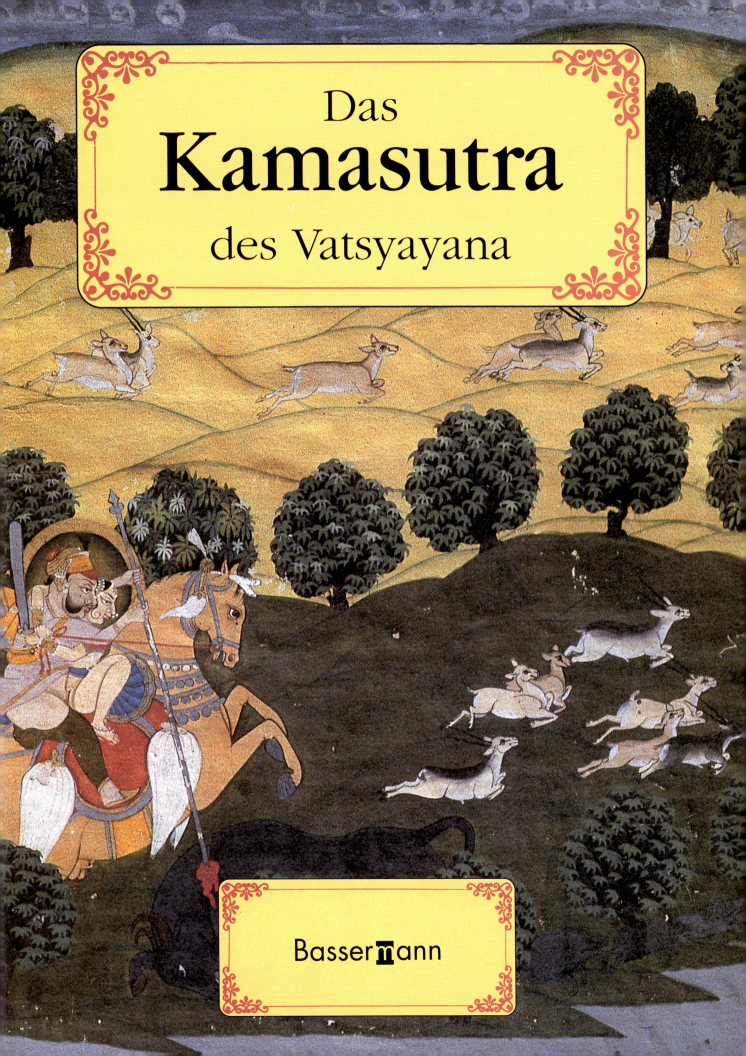

Das Kamasutra
des Vatsyayana

Bassermann

© der Originalausgabe 1996 by Lustre Press Pvt. Ltd.

M-75, Greater Kailash-II, Market, New Delhi-110 048, India

Originaltitel: The Kamasutra of Vatsyayana

Die Verwertung der Texte und Bilder, auch auszugsweise, ist ohne Zustimmung des Verlags urheberrechtswidrig und strafbar. Dies gilt auch für Vervielfältigungen, Übersetzungen, Mikroverfilmung und für die Verarbeitung mit elektronischen Systemen.

Titelbild und Fotos auf den Seiten 15, 27, 31, 70, 71: Lustre Press

Fotos der Gemälde: aus der privaten Sammlung von Kanwar Sangram Singh von Nawalghar

Fotos auf den Seiten 19, 35, 39, 43, 47, 51, 62, 67, 75, 87: aus dem Juna-Mahal-Palast in Dungarpur

Fotografen: Aditya Patankar, Subhash Bhargava, M.D. Sharma

Übersetzung aus dem Englischen: Hilmar König

Redaktion: Inge Uffelmann, Bayreuth / Herta Winkler

Herstellung: Jürgen Domke

817 2635 4453 62

106650198X03 02 01 00

Titelbild: Männer sollten das *Kamasutra* und die ihm zugeordneten Künste studieren. Ein Mann, der in diesen Künsten versiert ist, der mit den Feinheiten der Galanterie vertraut und der beredt ist, gewinnt sehr schnell die Herzen von Frauen, selbst wenn er mit ihnen erst seit kurzem bekannt sein sollte.

Rückseite: Es gibt neun Grundpaarungen des Geschlechtsverkehrs bezüglich der Größe der Organe, der Stärke der Leidenschaft sowie der Zeitdauer des Koitus. Kombiniert man diese, so ergeben sich zahllose Varianten sexueller Vereinigung.

INHALT

Einführung

TEIL I:
Über die sexuelle Vereinigung

I Vom Studium des Kama Shastra 9
II Wie ein Mann seinen Tag verbringen sollte 13
III Von verschiedenen Formen des Beisammenseins und vom Liebeszwist 16
IV Von den Arten der sexuellen Vereinigung 17
V Vom Umarmen 21
VI Vom Küssen 25
VII Vom Drücken, Markieren oder Kratzen mit den Fingernägeln 28
VIII Von Schlägen und Geräuschen aus Leidenschaft 29
IX Vom Beißen 33
X Von verschiedenen Positionen beim Beischlaf 36
XI Von vertauschten Rollen 37
XII Von Auparishtaka, dem Oralverkehr 41
XIII Wie man Lust weckt 44

TEIL II:
Über die Verführung

I Von charakteristischen Merkmalen der Männer und der Frauen 45
II Von Frauen, die in der Gunst der Männer stehen 49
III Vom Prüfen des Gemüts einer Frau 52
IV Wie man eine Frau für sich gewinnt 53
V Von der Kunst des Verführens 57
VI Von anderen Formen der Heirat 60
VII Von den Damen des königlichen Harems und der Sorge um die eigene Frau 61

TEIL III:
Über die Heirat

I Vom Erwerben der richtigen Frau 65
II Wie man das Vertrauen eines Mädchens gewinnt 68
III Vom Leben als sittsame Gattin 72
IV Vom Benehmen der Ehemänner und der Ehefrauen 76
V Wie man Gefühle durch äußere Zeichen und Taten bekundet 80

TEIL IV:
Über Kurtisanen

I Warum und mit welchen Mitteln sich eine Kurtisane an den Mann heranmacht 81
II Die Rolle der Gattin spielen 85
III Von den Mitteln, Geld zu bekommen. Von den Anzeichen erkalteter Gefühle und wie sie den Liebhaber los wird 89

Einführung

Gewiß ist es von Interesse, zu erfahren, wie es dazu kam, daß Vatsyayana „entdeckt" und ins Englische übersetzt wurde. Als man gemeinsam mit den Pandits das *Anunga Runga* - die Stufen der Liebe - übersetzte, fand man häufig Hinweise auf einen gewissen Vatsya. Der Weise Vatsya habe dieses und jenes gesagt, er sei dieser Meinung und jener Meinung usw... Natürlich wurden bald Fragen gestellt, wer denn der Weise gewesen sei. Die Pandits erwiderten: Vatsya war in der Sanskrit-Literatur der Autor des Standardwerkes über die Liebe. Keine Sanskrit-Bibliothek sei vollständig ohne dieses Werk. Und es sei außerordentlich schwierig, es komplett zu bekommen. Die in Bombay aufgestöberte Kopie war lückenhaft. Deshalb schrieben die Pandits nach Benares, Kalkutta und Jaipur, um aus den dortigen Sanskrit-Büchereien Kopien des Manuskripts zu erhalten. Man verglich diese dann miteinander, und mit Hilfe eines Kommentars, *Jayamangla* genannt, wurde eine überarbeitete Kopie des gesamten Manuskripts angefertigt. Das lieferte die Grundlage für die Übersetzung ins Englische. Nachfolgend das Zertifikat des Oberpandits:

„Das beigefügte Manuskript wurde von mir nach dem Vergleich von vier verschiedenen Kopien des Werkes korrigiert. Ich hatte einen *Jayamangla* genannten Kommentar zur Verfügung, mit dessen Hilfe ich die ersten fünf Teile des Buches korrigieren konnte. Aber ich traf auf große Schwierigkeiten, den Rest zu korrigieren: Mit Ausnahme von einer relativ genauen Kopie waren alle anderen Kopien viel zu ungenau. Ich betrachtete folglich nur jene Abschnitte als korrekt, mit denen die Mehrzahl der Abschnitte der anderen Kopien übereinstimmten."

Die *Aphorismen über die Liebe* (Kamasutra) von Vatsyayana enthalten rund 1250 Slokas (Verse) und sind unterteilt in Abschnitte; die Abschnitte in Kapitel und die wiederum in vierundsechzig Paragraphen. Über den Autor ist kaum etwas bekannt. Sein wirklicher Name lautet wohl Mallinaga oder Mrillana, Vatsyayana ist sein Familienname. Am Ende des Werkes schreibt er über sich: „Nach dem Lesen und Auswerten der Werke von Babhravya und anderer alter Autoren und nach dem Überdenken der von ihnen aufgestellten Regeln wurde diese Abhandlung entsprechend den Geboten der Heiligen Schrift und zum Nutzen der Welt von Vatsyayana verfaßt, während er ein Leben als Religionsstudent in Benares verbrachte, vollkommen versenkt in die Anbetung der Gottheit. Das Buch soll nicht als bloße Anleitung zur Befriedigung des Verlangens benutzt werden. Eine Person, vertraut mit den wahren Prinzipien dieser Wissenschaft, die ihr

---

Seite gegenüber: Als Freunde kann man betrachten: einen, mit dem man in der Kindheit spielte; einen mit gleicher Gesinnung und der die gleichen Dinge mag; einen, der deine Geheimnisse und Fehler kennt und dessen Fehler und Geheimnisse du auch kennst...

Dharma (Sittsamkeit oder religiöses Verdienst), ihr *Artha* (weltlicher Reichtum) und ihr *Kama* (Vergnügen oder sinnliche Befriedigung) bewahrt und die Bräuche des Volkes achtet, kann sicher sein, ihre Sinne zu beherrschen. Eine intelligente und gebildete Person, die ihr *Dharma*, *Artha* und auch *Kama* beachtet, ohne zum Sklaven ihrer Leidenschaften zu werden, wird in allem, was sie unternehmen mag, erfolgreich sein."

Es ist nicht möglich, zeitlich exakt zu bestimmen, wann Vatsyayana lebte oder wann sein Werk entstand. Man nimmt an, daß er zwischen dem 1. und dem 6. Jahrhundert nach Christi Geburt gelebt hat. Dabei stützt man sich auf folgende Anhaltspunkte: Er erwähnt, daß Satkarni Satvahan, ein König von Kuntal, seine Gattin Malayavati mit einem Instrument namens *Kartari* in der Leidenschaft der Liebe getroffen und getötet hat. Vatsya erwähnt diesen Fall, um die Menschen vor den Gefahren eines alten Brauches zu warnen, nämlich, Frauen in zügelloser Leidenschaft zu schlagen. Eben dieser König von Kuntal soll während des 1. Jahrhunderts nach Christus gelebt und regiert haben. Vatsya muß demzufolge nach ihm gelebt haben. Andererseits scheint Virahamihira im 18. Kapitel seines *Brihatsambita* - Abhandlungen über die Wissenschaft der Liebe - ausgiebig von Vatsyayana geborgt zu haben. Virahamihira hat angeblich im 6. Jahrhundert nach Christus gelebt. Und da Vatsya seine Werke vorher verfaßt haben muß, d.h. nicht eher als im 1. und nicht später als im 6. Jahrhundert, kann man sein Leben auf diese Zeitspanne eingrenzen.

Zum Text der *Aphorismen über die Liebe* von Vatsyayana fanden sich nur zwei Kommentare. Einer wird *Jayamangla* oder *Sutrabashya* genannt, der andere *Sutravritti*. Das Datum des *Jayamangla* wird zwischen das 10. und 13. Jahrhundert gelegt, weil bei der Erwähnung der vierundsechzig Künste (gemeint sind die Varianten beim Beischlaf) ein Beispiel aus dem *Kavyaprakasha* genommen wurde, das etwa im 10. Jahrhundert nach Christus geschrieben wurde. Die Kopie des gefundenen Kommentars wiederum war nachweislich eine Abschrift eines Manuskripts aus der Bücherei des Chaluka-Königs Vishaladeva, eine Tatsache, die sich aus folgendem Satz ergibt:

„Hier endet der Teil, der sich auf die Kunst der Liebe im Kommentar über das *Vatsyayana Kama Sutra* bezieht, eine Kopie aus der Bücherei des Königs der Könige, Vishaladeva, der ein mächtiger Held war, ein zweiter Arjuna, und das Oberjuwel der Chaluka-Familie."

Dieser König, das ist bekannt, lebte von 1244 bis 1262 nach Christus in Guzerat und gründete eine Stadt namens Visalnagar. Das Datum des Kommentars liegt deshalb nicht vor dem 10. und nicht nach dem 13. Jahrhundert. Der Autor ist angeblich ein gewisser Yashodhara. Der Name wurde ihm von seinem Lehrer Indrapada gegeben. Er scheint den Kommentar während seines Kummers geschrieben zu haben, den die Trennung von einer gescheiten und scharfsinnigen Frau verursachte. Jedenfalls sagte er das selbst am Ende eines jeden Kapitels. Man nimmt an, er titelte sein Werk nach dem Namen seiner abwesenden Geliebten. Zumindest könnte das Wort *Jayamangla* eine Verbindung zur Bedeutung ihres Namens haben.

Dieser Kommentar erwies sich am nützlichsten bei der Interpretation der Texte Vatsyayanas, denn der Kommentierende scheint über ein beträchtliches Wissen über die Zeit des älteren Autors verfügt zu haben und gibt an einigen Stellen sehr präzise Informationen. Das kann von dem anderen Kommentar *Sutravritti* nicht gesagt werden, der etwa 1789 von Narsing Shastri geschrieben wurde, dem Schüler eines Sarveshwar Shastri; der wiederum war ein Nachfahre von Bhaskar, und ebenso war das unser Autor, denn zum Abschluß jedes Abschnitts nennt er sich selbst Bhaskar Narsing Shastri. Er wurde auf Anregung des Gelehrten Raja Vrijalala zum Schreiben dieses Werkes veranlaßt, während er in Benares residierte.

Aber sein Kommentar verdient nicht viel Empfehlung. In vielen Fällen scheint der Schreiber die Bedeutung des Originalautors nicht verstanden zu haben. Er änderte den Text an verschiedenen Stellen so, daß er zu seinen eigenen Erklärungen paßte.

Eine gekürzte Übersetzung des Originalwerkes folgt. Sie steht in vollem Einklang mit dem Text des Manuskripts und wird ohne weitere Kommentare gegeben.

Teil I

Über die sexuelle Vereinigung

I

Vom Studium des Kama Shastra

Männer sollten das *Kamasutra* und die ihm zugeordneten Künste und Wissenschaften studieren, zusätzlich zum Studium der Künste und Wissenschaften, die im *Dharma* und *Artha* enthalten sind. Selbst Jungfrauen sollten dieses *Kamasutra* zusammen mit den Künsten und Wissenschaften vor der Heirat studieren, und danach sollten sie das Studium mit Einwilligung ihres Gatten fortsetzen.

An dieser Stelle widersprechen einige gebildete Männer. Sie sagen, da es Frauen untersagt ist, sich mit Wissenschaft zu befassen, dürfen sie auch das *Kamasutra* nicht lesen. Doch Vatsyayana vertritt die Ansicht, daß dieser Einwand ungerechtfertigt ist, denn die Frauen kennen die Praxis des *Kamasutra* bereits. Und diese Praxis ist abgeleitet vom *Kama Shastra*, d.h. von der Wissenschaft des Kama selbst. Außerdem gibt es viele andere Beispiele dafür, daß das Ausüben einer Wissenschaft allen bekannt ist, obwohl nur ein paar Personen mit den Regeln und Gesetzmäßigkeiten der Wissenschaften vertraut sind. So sprechen die Yadnikas (Personen, die ein Opferritual ausführen) die passenden Worte, wenn sie sich an die verschiedenen Gottheiten wenden, obwohl sie weder die Grammatik beherrschen noch deren Schreibweise kennen. Oder Personen erfüllen ihre Verpflichtungen an glückverheißenden Tagen, die von den Astrologen festgesetzt wurden, obwohl sie von der Wissenschaft der Astrologie keine Ahnung haben. Ein weiteres Beispiel: Reiter von Pferden oder Elefanten dressieren diese Tiere, ohne über entsprechende theoretische Kenntnisse zu verfügen. Menschen in den entferntesten Provinzen befolgen die Gesetze des Königreiches, nicht weil sie diese studiert hätten, sondern weil sie aus Gewohnheit den Herrscher respektieren. Und aus Erfahrung kennen wir auch Frauen, beispielsweise Töchter von Prinzen und von Ministern sowie öffentliche Frauen, die im *Kama Shastra* tatsächlich versiert sind.

Eine weibliche Person sollte deshalb das *Kama Shastra*, oder wenigstens Teile daraus, lernen, indem ihr eine Vertraute die Praxis erklärt. Sie sollte im stillen Kämmerlein die vierundsechzig Stellungen studieren, die einen Teil des *Kama Shastra* bilden. Ihre Lehrerin könnte aus folgendem Personenkreis stammen: die verheiratete Tochter einer Amme; eine Freundin, der man völlig vertrauen kann; eine Tante, möglichst die Schwester der Mutter; eine ältere Bedienstete; eine verarmte Bekannte, die

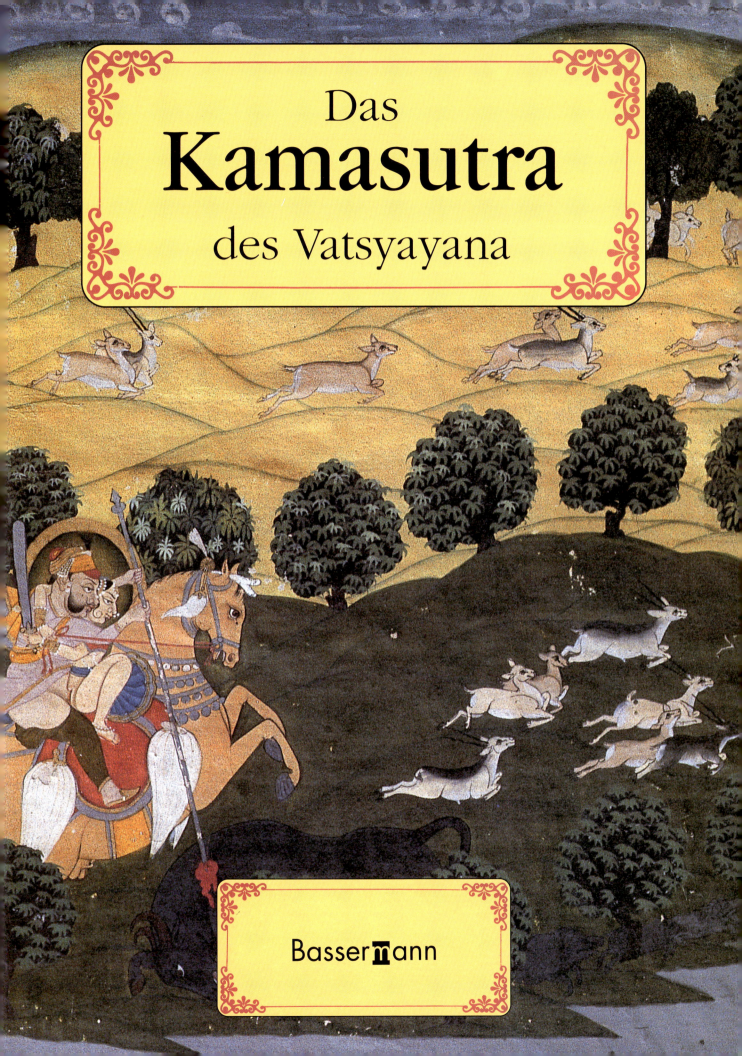

Das Kamasutra
des Vatsyayana

Bassermann

© der Originalausgabe 1996 by Lustre Press Pvt. Ltd.
M-75, Greater Kailash-II, Market, New Delhi-110 048, India
Originaltitel: The Kamasutra of Vatsyayana
Die Verwertung der Texte und Bilder, auch auszugsweise, ist ohne Zustimmung des Verlags
urheberrechtswidrig und strafbar. Dies gilt auch für Vervielfältigungen, Übersetzungen,
Mikroverfilmung und für die Verarbeitung mit elektronischen Systemen.

Titelbild und Fotos auf den Seiten 15, 27, 31, 70, 71: Lustre Press
Fotos der Gemälde: aus der privaten Sammlung von Kanwar Sangram Singh von Nawalghar
Fotos auf den Seiten 19, 35, 39, 43, 47, 51, 62, 67, 75, 87: aus dem Juna-Mahal-Palast
in Dungarpur
Fotografen: Aditya Patankar, Subhash Bhargava, M.D. Sharma
Übersetzung aus dem Englischen: Hilmar König
Redaktion: Inge Uffelmann, Bayreuth / Herta Winkler
Herstellung: Jürgen Domke

817 2635 4453 62

106650198X03 02 01 00

Titelbild: Männer sollten das *Kamasutra* und die ihm zugeordneten Künste studieren. Ein
Mann, der in diesen Künsten versiert ist, der mit den Feinheiten der Galanterie vertraut und
der beredt ist, gewinnt sehr schnell die Herzen von Frauen, selbst wenn er mit ihnen erst
seit kurzem bekannt sein sollte.

Rückseite: Es gibt neun Grundpaarungen des Geschlechtsverkehrs bezüglich der Größe
der Organe, der Stärke der Leidenschaft sowie der Zeitdauer des Koitus. Kombiniert man
diese, so ergeben sich zahllose Varianten sexueller Vereinigung.

INHALT

Einführung

TEIL I:
Über die sexuelle Vereinigung

    I Vom Studium des Kama Shastra   9
   II Wie ein Mann seinen Tag verbringen sollte   13
  III Von verschiedenen Formen des Beisammenseins und vom Liebeszwist   16
  IV Von den Arten der sexuellen Vereinigung   17
   V Vom Umarmen   21
  VI Vom Küssen   25
 VII Vom Drücken, Markieren oder Kratzen mit den Fingernägeln   28
VIII Von Schlägen und Geräuschen aus Leidenschaft   29
  IX Vom Beißen   33
   X Von verschiedenen Positionen beim Beischlaf   36
  XI Von vertauschten Rollen   37
 XII Von Auparishtaka, dem Oralverkehr   41
XIII Wie man Lust weckt   44

TEIL II:
Über die Verführung

    I Von charakteristischen Merkmalen der Männer und der Frauen   45
   II Von Frauen, die in der Gunst der Männer stehen   49
  III Vom Prüfen des Gemüts einer Frau   52
  IV Wie man eine Frau für sich gewinnt   53
   V Von der Kunst des Verführens   57
  VI Von anderen Formen der Heirat   60
 VII Von den Damen des königlichen Harems und der Sorge um die eigene Frau   61

TEIL III:
Über die Heirat

    I Vom Erwerben der richtigen Frau   65
   II Wie man das Vertrauen eines Mädchens gewinnt   68
  III Vom Leben als sittsame Gattin   72
  IV Vom Benehmen der Ehemänner und der Ehefrauen   76
   V Wie man Gefühle durch äußere Zeichen und Taten bekundet   80

TEIL IV:
Über Kurtisanen

    I Warum und mit welchen Mitteln sich eine Kurtisane an den Mann heranmacht   81
   II Die Rolle der Gattin spielen   85
  III Von den Mitteln, Geld zu bekommen. Von den Anzeichen erkalteter Gefühle und wie sie den Liebhaber los wird   89

wollen nun zum Liebeszwist kommen. Eine Frau, die sehr in einen Mann verliebt ist, kann es nicht ertragen, den Namen ihrer Rivalin oder ein Gespräch über sie zu hören oder gar versehentlich mit deren Namen angesprochen zu werden. Wenn das passiert, so bricht ein Streit vom Zaune, und die Frau wird wütend, sie schreit, rauft sich die Haare, schlägt auf ihren Liebsten ein, fällt vom Bett oder Sitz, schleudert die Girlanden und den Schmuck von sich und wirft sich sogar auf den Boden.

Jetzt muß der Liebhaber sie mit versöhnenden Worten beschwichtigen, sie vorsichtig hochheben und auf ihr Bett legen. Doch sie, nicht auf seine Gesten reagierend, sondern noch erboster, biegt seinen Kopf herunter, zieht ihn an den Haaren, schlägt ihn einmal, zweimal oder dreimal auf seine Arme, den Kopf, die Brust oder den Rücken und begibt sich danach zur Tür. Dattaka meint, sie sollte dann ärgerlich an der Tür sitzen, Tränen vergießen, aber das Zimmer nicht verlassen, denn das wäre ein Fehler. Nach einer Weile, wenn sie glaubt, die

Versöhnungsbemühungen ihres Liebsten hätten den Höhepunkt erreicht, sollte sie ihn umarmen, in harschen, aber doch werbenden Worten zu ihm sprechen und ihr Begehren nach Vereinigung offenbaren.

Wenn die Frau in ihrem eigenen Haus ist und mit ihrem Liebhaber Streit hat, sollte sie auf ihn zugehen, ihm ihren Ärger zeigen und ihn dann verlassen. Später, nachdem der Herr die Vita, Vidushaka oder Pithamudra nach ihr geschickt hat, um sie zu beruhigen, begleitet sie diese wieder in ihr Haus und verbringt die Nacht mit ihrem Liebhaber. So endet der Liebeszwist.

Ein Mann, der die von Babhravya erwähnten vierundsechzig Varianten anwendet, erreicht sein Ziel und erfreut sich Frauen von erster Güte. Ein Mann ohne andere Kenntnisse, aber versiert in den vierundsechzig Möglichkeiten, wird tonangebend in jeglicher Gesellschaft von Männern und Frauen. Seine eigene Frau schaut in Liebe zu ihm auf, und ebenso betrachten ihn die Frauen anderer sowie Kurtisanen mit Liebe.

IV

Von den Arten der sexuellen Vereinigung

Die Männer weden in drei Kategorien unterteilt, nämlich - entsprechend der Größe ihres *Lingams* (Glied) - in den Hasen-Mann, den Bullen-Mann und den Pferde-Mann. Frauen unterteilt man ebenfalls - entsprechend der Tiefe ihrer *Yoni* (Scheide) in folgende drei Kategorien: in Reh, Stute und Elefantenkuh. Daraus resultieren drei gleiche sexuelle Paarungen zwischen den Personen mit zueinander passenden Maßen und sechs ungleiche Paarungen, wenn die Maße nicht übereinstimmen, insgesamt also neun.

In diesen ungleichen Paarungen, wenn das männliche Organ das weibliche an Größe übertrifft, wird die Vereinigung mit einer Frau, die ihm in der Größe unmittelbar am nächsten kommt, als hoher Geschlechtsakt bezeichnet. Davon gibt es zwei Arten. Die Vereinigung mit der Frau, die von seiner Größe am weitesten entfernt ist, heißt hingegen der höchste Geschlechtsakt. Und davon gibt es nur eine Art. Andererseits, wenn das weibliche Organ das männliche im Ausmaß übertrifft, nennt man die Vereinigung mit dem Mann, der ihrer Größe am nächsten kommt, den niederen

Geschlechtsakt. Davon gibt es wieder zwei Arten. Dagegen ist die Vereinigung mit dem Mann, der ihrer Größe am weitesten entfernt ist, der niederste Geschlechtsakt. Und davon gibt es wieder nur eine Art.

Mit anderen Worten: Pferd und Stute, Bulle und Reh vollziehen den hohen Geschlechtsakt. Pferd und Reh praktizieren den höchsten Geschlechtsakt. Aus der weiblichen Sicht führen die Elefantenkuh und der Bulle sowie die Stute und der Hase niedere Geschlechtsakte aus, während die Elefantenkuh und der Hase die niederste Paarung des Geschlechtsaktes bilden.

Somit gibt es entsprechend den Maßen neun Paarungsarten. Unter allen davon sind die gleichen Paarungen die besten, die Superlative, d.h. die höchsten und die niedersten, sind die schlechtesten Paarungen. Der Rest bildet das Mittelmaß, und darunter sind die hohen besser als die niederen.

Gemäß der Stärke der Leidenschaft und der Fleischeslust gibt es ebenfalls neun Arten der Vereinigung. Einem Mann sagt man eine geringe Leidenschaft nach, wenn seine Lust während des

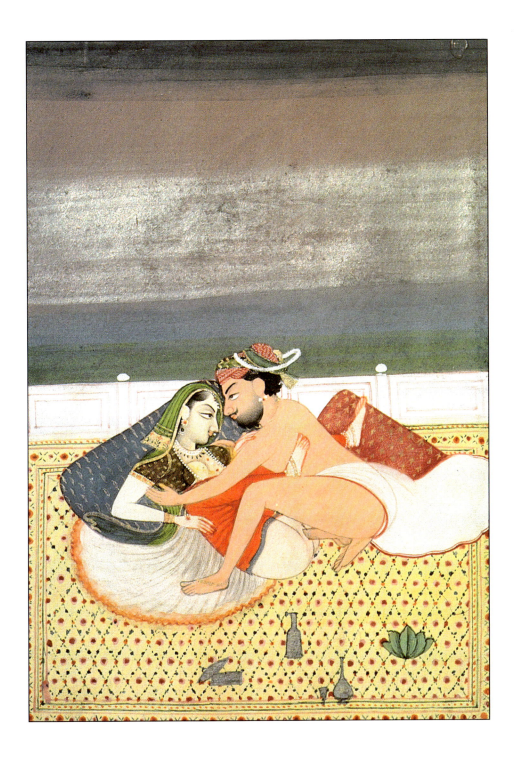

Oben: ...da Mädchen mit der sexuellen Vereinigung nicht vertraut sind, müssen sie mit höchster Feinfühligkeit behandelt werden; und der Mann muß mit beträchtlicher Behutsamkeit vorgehen. Frauen sind von zarter Natur und möchten zärtliches Beginnen...

Seite gegenüber: Junge Frauen sollten das *Kamasutra* mit seinen Künsten und Wissenschaften vor der Heirat studieren und das Studium später mit Einverständnis des Gatten fortsetzen. Öffentliche Frauen von guter Art, mit Schönheit und anderen reizenden Eigenschaften gesegnet und obendrein versiert in den erwähnten Künsten, vermögen ihren Gatten an sich zu fesseln, selbst wenn dieser Tausende von anderen Frauen haben sollte.

früher in der Familie lebte, oder die eigene Schwester, der man stets vertrauen kann.

Zusammen mit dem Studium des *Kamasutra* sollte eine Frau sich mit folgenden Dingen befassen: Gesang, dem Spiel von Musikinstrumenten, Tanz, Schreiben, Malen, Tätowieren, Schmücken der Familiengottheiten mit Blumen und Reis, Blumenarrangements auf Betten und Sofas oder auf dem Boden; Färben der Haare, Nägel und Zähne; Bemalen des Körpers; Dekoration der Inneneinrichtung, der Betten, Kissen und Teppiche; Musizieren auf mit Wasser gefüllten Gläsern; Speichern von Wasser in Zisternen und Reservoiren, Anfertigen von Bildern, Rosenkränzen, Girlanden, Kränzen, Schmuckketten und Ohrgehängen; Binden von Turbanen und Haarknoten; Bühnenkunst und Bühnenbild; Zubereitung von Parfüms und Aromen; Anordnen von Schmuck und Kleidung; Zauberei und Hexerei; manueller Geschicklichkeit; Kochkunst; Zubereitung von Limonaden, kalten und alkoholischen Getränken, Obstsäften; Schneidern, Sticken, Nähen und anderen Handarbeiten, Lösen von Rätseln, Üben doppeldeutiger Sprüche und geheimer Zeichen; Kunst des Nachahmens; Lesen; Aufsagen von Reimen, korrekter Aussprache schwieriger Wörter und Sätze; Üben mit dem Schwert, Stock, Pfeil und Bogen; Erkennen von Zusammenhängen, Sinn und Logik; Architektur, Baukunst, Schreinerei; Numismatik; Chemie; Gesteinskunde, besonders Edelsteine und Juwelen; Färben von Edelsteinen und Perlen; Bergbau, Gärtnerei, Pflanzenkunde; Hahnenkampf, Wachtel- und Widderkämpfe; Kunst, Papageien und Starenvögeln das Sprechen beizubringen; Massage mit parfümiertem Balsam; Frisieren und Schmücken des Haares; Verständigung in Geheimschrift oder in einer künstlich veränderten Sprache, bei der Wörter verstellt, ihre Anfänge und Endsilben verändert oder neue hinzugefügt werden; Lernen von Sprachen und regionalen Dialekten; Anfertigen von Blumenständern; Erstellen mystischer Diagramme; Gebrauch von Zaubersprüchen und Amuletten; geistigen Übungen, z.B.

unvollständige Verse komplettieren, Gedichte schreiben, mit Wörterbüchern und Nachschlagewerken umgehen. Eine Frau sollte Mittel und Methoden lernen, sich zu verkleiden und das Aussehen von Gegenständen zu verändern, beispielsweise Baumwolle den Schein von Seide zu geben und grobe und gewöhnliche Gegenstände als fein und außergewöhnlich erscheinen zu lassen. Sie sollte Methoden des Glücksspiels kennen; die Kunst, durch Mantras (heilige Sprüche) oder durch Verwünschungen den Besitz von anderen zu erlangen; Geschick bei Sport und Spiel haben, gesellschaftliche Regeln kennen, wie man anderen Personen Respekt zollt und Komplimente macht; Kriegskunst; arithmetische Übungen; das Anfertigen von Kunstblumen und von Figuren und Gegenständen aus Lehm sollte sie beherrschen.

Eine öffentliche Frau, gesegnet mit einem guten Charakter, mit Schönheit und anderen reizenden Eigenschaften und obendrein versiert in den oben aufgezählten Künsten, erhält den Namen Ganika, was öffentliche Frau von hohem Standard bedeutet, sowie einen Ehrenplatz unter der Versammlung von Männern. Mehr noch, sie wird stets vom König geachtet und von den Gelehrten gelobt. Und da alle ihre Gunst suchen, wird sie zum Objekt universaler Achtung. Die Tochter des Königs wie auch die Tochter eines Ministers, erfahren in den genannten Künsten, kann ihren Ehegatten an sich fesseln, selbst wenn dieser Tausende von anderen Frauen haben sollte.

Auch eine von ihrem Gatten getrennte Ehefrau, die in Kummer verfällt, kann sich - selbst in einem fremden Land - trösten und helfen, wenn sie über das Wissen dieser Künste verfügt. Allein deren bloße Kenntnis verleiht einer Frau Attraktivität, auch wenn deren Anwendung nur den konkreten Umständen entsprechend erfolgen kann.

Ein Mann, der sich in diesen Künsten auskennt, der beredt und mit den Feinheiten der Galanterie vertraut ist, gewinnt sehr schnell die Herzen von Frauen, selbst wenn er mit ihnen erst seit kurzem bekannt sein sollte.

II

Wie ein Mann seinen Tag verbringen sollte

Ein Mann, der Wissen erworben hat und der über Reichtum verfügt, zu dem er durch Geschenk, Eroberung, Kauf, Einlagen oder Erbschaft gelangte, sollte Hausherr werden und ein bürgerliches Leben führen. Er sollte sich ein Haus in einer Stadt oder in einem großen Dorf nehmen oder in der Nachbarschaft netter Leute oder an einer Stelle, die viele Menschen mögen. Dieser Wohnsitz sollte in der Nähe eines Gewässers liegen und für verschiedene Zwecke in unterschiedliche Bereiche aufgeteilt sein. Er sollte von einem Garten umgeben sein und auch zwei Räume, einen inneren und einen äußeren, enthalten. Der innere Raum sollte von den Frauen belegt werden, während in dem äußeren, mit starken Düften geschwängerten ein Bett stehen sollte, das weich ist, schön anzusehen, mit sauberem weißen Linnen bedeckt, flach im mittleren Teil, geschmückt mit Girlanden und Blumensträußen, einem Baldachin darüber, mit zwei Kissen ausgestattet, eins am oberen und eins am unteren Ende. Außerdem sollte es eine Art Couch und am Kopfende einen Hocker geben, auf dem sich wohlriechender Balsam für die Nacht, Blumen, Töpfe mit Collyrium und anderen Duftstoffen, Dinge zum Parfümieren des Mundes und Rinde vom Zitronenbaum befinden. An der Couch sollten auf dem Boden ein Spucknapf, ein Kästchen mit Schmuckgegenständen, ein Zeichenbrett, ein Gefäß mit Parfüm und einige Bücher stehen, einige Girlanden aus Tausendschön liegen, und von einem Zapfen aus Elfenbein könnte eine Laute herabhängen. Nicht weit davon entfernt sollte es einen runden Sitz geben, ein Spielzeugwägelchen und ein Brett zum Würfelspiel. Außerhalb des äußeren Raumes könnte es Käfige mit Vögeln geben, einen gesonderten Platz zum Spinnen, Schnitzen und für ähnliche Beschäftigungen. Im Garten könnten eine Dreh- und eine gewöhnliche Schaukel stehen sowie eine Laube mit Ranken und Blumen, in der man auf einer Balustrade sitzen kann.

Nachdem der Hausherr am Morgen aufgestanden ist und alles Notwendige verrichtet hat, putzt er sich die Zähne, reibt sich sparsam mit duftenden Essenzen ein, macht sich zurecht, bestreicht die Augenbrauen und Wimpern mit Collyrium, färbt die Lippen mit etwas Alacktaka und überprüft alles nochmals im Spiegel.

Nach dem Genuß von Betelblättern und anderen anregenden Mitteln, die seinen Atem erfrischen, geht der Mann seinen Geschäften nach. Täglich sollte er ein Bad nehmen, jeden zweiten Tag seinen Körper mit Öl massieren lassen, jeden dritten Tag mit anregenden Substanzen einreiben, jeden vierten Tag Gesicht und Kopf sowie jeden fünften oder zehnten Tag die anderen Körperstellen rasieren. Alle diese Verrichtungen sind gewissenhaft auszuführen, dazu zählt auch das Reinigen der Achselhöhlen vom Schweiß. Laut Charayana sind Mahlzeiten am Vormittag, am Nachmittag sowie in der Nacht einzunehmen. Nach dem Frühstück sollte man die Papageien und anderen Vögel das Sprechen lehren. Dem könnten Kämpfe von Hähnen, Wachteln oder Widdern folgen. Eine gewisse Zeit sollte man sich mit den Pithamardas, Vitas und Vidushakas beschäftigen. Dem schließt sich der Mittagsschlaf an. Danach könnte der Hausherr, entsprechend gekleidet und geschmückt, mit seinen Freunden Konversation halten. Der Abend beginnt mit Gesang. Anschließend erwartet der Hausherr zusammen mit seinem Freund in seinem dekorierten und geschmückten Zimmer die Ankunft der Frau, mit der er eine Beziehung unterhält. Oder er schickt eine Botin nach ihr oder er holt sie selbst herbei. Nach ihrer Ankunft in seinem Haus sollten er und sein Freund die Frau begrüßen und sie mit einer liebevollen Konversation unterhalten. So enden die Pflichten des Tages.

Die folgenden Dinge könnte man zur gelegentlichen Abwechslung oder zum Amüsement tun: Feste zu Ehren der Gottheiten veranstalten; ebenso soziale Zusammenkünfte beider Geschlechter; Trinkgelage, Picknicks und andere gesellschaftliche Ablenkungen vom Alltag arrangieren.

Oben: Wenn die Gattin sich ihrem Mann ganz privat nähern möchte, sollte sie größten Wert auf ein geschmackvolles und farbenfreudiges Kleidungsstück, geschmückt mit vielen Ornamenten und Blumen, sowie auf süß duftende Essenzen zum Einreiben legen.

Seite gegenüber: Ein viel begehrtes Mädchen sollte den Mann heiraten, den es mag und von dem es glaubt, daß er ihm ergeben und fähig ist, Vergnügen zu bereiten.

III

Von verschiedenen Formen des Beisammenseins und vom Liebeszwist

Im Vergnügungsraum, der mit Blumen dekoriert und parfümiert ist, von seinen Freunden und Dienern umgeben, empfängt der Herr die Frau, die, gebadet und nett gekleidet, bei ihm eintrifft. Er lädt sie zu Erfrischungen und Getränken ein. Er nimmt an ihrer linken Seite Platz, streicht ihr durchs Haar, berührt den Endknoten ihres Kleidungsstücks und legt zärtlich den rechten Arm um sie. Eine amüsante Unterhaltung über verschiedene Themen folgt. Und suggestiv wird das Gespräch auf Dinge gebracht, die als unanständig gelten und in Gesellschaft eigentlich nicht erwähnt werden. Danach beginnt man, mit oder ohne Gesten, gemeinsam zu singen oder Instrumente zu spielen, über die Kunst zu reden und einander immer wieder zum Trinken zu ermuntern. Wird die Frau schließlich von Liebe und Verlangen übermannt, dann sollte der Mann die anderen Anwesenden mit Blumen, duftenden Salben und Betelblättern beschenken und zum Aufbruch mahnen. Sind die beiden nun allein, so sollten sie verfahren, wie es in den folgenden Kapiteln beschrieben wird.

Die sexuelle Vereinigung wird etwa nach der eben dargelegten Art vorbereitet. Am Ende des Beisammenseins sollten die Liebhaber, in Sittsamkeit und ohne aufeinander zu schauen, getrennt ins Bad gehen. Danach, auf ihre jeweiligen Plätze zurückgekehrt, nehmen sie Betel zu sich. Der Mann reibt den Körper der Frau eigenhändig mit ein bißchen reiner Sandelholzpaste oder einer anderen Lotion ein. Er legt seinen linken Arm um sie und fordert sie mit freundlichen Worten auf, aus einem Pokal zu trinken, den er hält. Oder er reicht ihr Wasser zu trinken. Gemeinsam naschen sie Süßigkeiten oder andere Leckereien, die sie mögen. Je nach Wunsch erfrischen sie sich an Fruchtsaft, Sherbet, Mango- oder gesüßtem Zitronensaft oder an anderen Getränken. Auf alle Fälle sollten die Erfrischungsgetränke süß, mild und rein sein. Vielleicht auch nehmen sie Suppe oder Fleischbrühe zu sich. Die Liebenden könnten sich auf die Terrasse setzen, sich am Mondschein ergötzen und romantische Gespräche führen. Während die Frau in seinen Armen liegt, das Gesicht zum Himmel gewandt, erklärt ihr der Mann die Planeten, den Morgenstern, den Polarstern, die Sieben Rishis oder den Großen Bären. All dies schließt sich der sexuellen Vereinigung an.

Das Beisammensein kann auf folgende Arten stattfinden: liebende Vereinigung, Vereinigung mit nachfolgender Liebe, Vereinigung aus künstlicher Liebe, Vereinigung der übertragenen Liebe; Akt, wie der von Eunuchen, falsche Vereinigung, Vereinigung aus spontaner Liebe.

1) Wenn ein Mann und eine Frau, die sich seit einiger Zeit lieben, sich nur unter großen Schwierigkeiten treffen können; oder wenn einer von beiden nach einer Reise zurückkehrt oder nach einer Trennung sich aussöhnt, wird das die „liebende Vereinigung" genannt. Sie wird so lange und auf solche Arten ausgeführt, wie es die beiden Partner wünschen.

2) Wenn zwei Menschen zusammenkommen, während ihre Liebe noch im Anfangsstadium ist, heißt das „Vereinigung mit nachfolgender Liebe".

3) Wenn ein Mann bei der Begegnung sich mittels der vierundsechzig Möglichkeiten, beispielsweise durch Küssen usw., erregt oder wenn ein Mann und eine Frau zusammenkommen, nennt man das „Vereinigung aus künstlicher Liebe". Dabei sollten alle Wege und Mittel Anwendung finden, die im *Kama Shastra* Erwähnung finden.

4) Wenn ein Mann von Anfang bis Ende der Begegnung, trotz des Kontakts zu der Frau, sich die ganze Zeit über vorstellt, er sei mit einer anderen zusammen, die er liebt, dann ist das „Vereinigung der übertragenen Liebe".

5) Die Vereinigung zwischen einem Mann und einer Wasserträgerin oder einer Dienerin niederer Kaste, die nur bis zur Befriedigung der Lust dauert, wird als „Akt, wie der von Eunuchen" bezeichnet.

6) Das Zusammensein einer Kurtisane mit einem Bauern sowie zwischen Bürgerlichen und Frauen aus den Dörfern und Nachbarländern heißt „falsche Vereinigung".

7) Das Beisammensein von zwei Personen, die sich zugetan sind, und das nach ihrem eigenen Geschmack abläuft, wird als „spontane Vereinigung" bezeichnet.

Dies also zu den Arten der Vereinigung. Wir

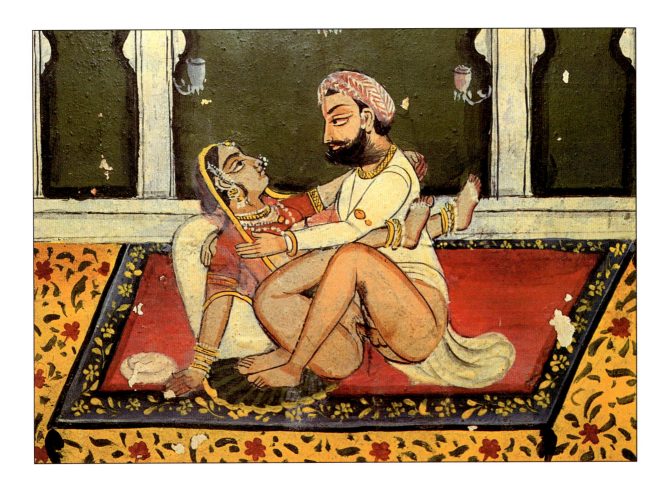

Oben: Wenn eine Frau beim Geschlechtsakt ihre Oberschenkel anwinkelt und die Knie bis zur Brust hochzieht, dann heißt das die Position von Indrani - der Gattin von Indra. Man lernt sie nur durch Übung.

Seite gegenüber: Wenn einer der beiden Partner beim Beischlaf einen oder beide Oberschenkel des anderen kräftig zwischen seine Schenkel preßt, dann heißt das „Umarmung der Schenkel".

Beischlafs nicht stark genug ist, sein Samen nur spärlich kommt und er der warmen Umarmung einer Frau nicht entsprechen kann. Jene, die sich von diesem Temperament unterscheiden, werden Männer mit mittlerer Leidennschaft genannt, während jene mit intensiver Leidenschaft voll von Lust sind. Dementsprechend nimmt man von Frauen an, daß sie ähnliche Abstufungen in ihren Gefühlen haben, wie zuvor beschrieben.

Schließlich gibt es, gemäß der Zeitdauer, drei Typen von Männern und Frauen, nämlich die von kurzer, die von mäßiger und die von langer Dauer. Und davon gibt es, wie bei den vorigen Erläuterungen, neun Arten der Vereinigung.

Allerdings bestehen bezüglich der Frauen Meinungsverschiedenheiten, die erwähnt werden sollen:

Auddalika sagt: „Frauen ejakulieren nicht, wie es Männer tun. Die Lust der Männer verebbt danach einfach, während die Frauen aus ihrem Lustempfinden heraus eine gewisse Art von Vergnügen verspüren, die ihnen Befriedigung verschafft. Aber es ist ihnen unmöglich zu sagen, was für ein Vergnügen sie denn erleben. Die Tatsache, aus der sich das ableitet, ist, daß Männer nach der Ejakulation sich zurückziehen und befriedigt sind. Aber bei den Frauen ist das nicht so."

Dieser Ansicht wird widersprochen, denn wenn ein Mann beim Koitus der ausdauernde Typ ist, dann begehrt ihn die Partnerin mehr. Ist er hingegen der schnelle Typ, bleibt sie unbefriedigt. Und dieser Umstand, meinen einige, würde beweisen, daß Frauen auch ausströmen. Diese Meinung wiederum hat keinen Bestand, denn es braucht viel Zeit, die Lust einer Frau zu stillen. Während dieser Zeit erfreut sie sich großen Vergnügens, und so ist es ziemlich natürlich, daß sie dies fortzusetzen wünscht. Zu diesem Thema gibt es einen Merksatz: „Durch die sexuelle Vereinigung mit Männern wird die Lust, das Verlangen, die Leidenschaft der Frauen gestillt. Und das Vergnügen, das aus dieser Kenntnis herrührt, wird ihre Befriedigung genannt."

Die Anhänger von Babhravya hingegen glauben, daß der Samen von Frauen vom Beginn des Koitus bis zu seinem Ende strömt. Und so wird es wohl sein, denn hätten sie keinen Samen, gäbe es keinen Embryo. Dazu bestehen keine Einwände. Zu Beginn des Koitus, heißt es weiter, ist die Leidenschaft der Frau mittelmäßig, und sie kann die Heftigkeit des Liebhabers nicht ertragen. Aber ihre Leidenschaft wächst allmählich, bis die Frau aufhört, an ihren Körper zu denken. Schließlich wünscht sie, mit dem Koitus aufzuhören. Gegen diese Auffassung läßt sich nichts einwenden, denn jedes gewöhnliche Ding, das sich kräftig dreht, wie beispielsweise ein Töpferrad, bewegt sich erst langsam, aber allmählich wird es sehr schnell. Ähnlich verhält es sich mit der Leidenschaft der Frau, die sich graduell steigert. Den Wunsch, mit dem Koitus aufzuhören, verspürt sie dann, wenn aller Samen verströmt ist. Und auch dazu gibt es einen Merksatz: „Die Ejakulation des Samens findet beim Mann nur am Ende des Koitus statt, während der Samen der Frau kontinuierlich fließt. Und wenn der Samenfluß beider versiegt ist, dann möchten sie den Koitus beenden."

Schließlich äußert Vatsyayana die Auffassung, daß der Samen der Frau auf gleiche Art fließt wie der des Mannes. Nun fragen gewiß einige: Wenn Männer und Frauen Wesen von gleicher Art sind und dabei sind, das gleiche Resultat hervorzubringen, warum sollten sie dann verschiedene Arbeit verrichten müssen? Vatsyayana erklärt, das sei so, weil die Arten des Zusammenwirkens, bei dem die Männer die handelnden und die Frauen die empfangenden Personen sind, der Natur des Mannes und der Frau entspringen. Sonst würde ja der Handelnde manchmal die empfangende Person sein und umgekehrt. Und aus diesem Unterschied im Zusammenwirken ergibt sich die unterschiedliche Auffassung vom Vergnügen, denn ein Mann denkt: „Diese Frau ist mit mir vereinigt." Und die Frau denkt: „Ich bin mit diesem Mann vereinigt."

Wenn die Arten im Zusammenwirken von Mann und Frau sich unterscheiden, warum, so könnte man fragen, sollte es dann nicht auch einen Unterschied im Vergnügen geben, das sie dabei empfinden.

Dieser Einwand ist gegenstandslos, denn für die agierende und für die empfangende Person, die von verschiedener Art sind, gibt es einen Grund für die unterschiedliche Art ihres Zusammenwirkens. Doch es gibt keinen Grund für einen Unterschied im Vergnügen, das sie spüren, weil sie beide natürlich von dem Geschlechtsakt, den sie ausüben, Vergnügen erlangen.

Da mögen wiederum einige einwenden: Wenn verschiedene Personen dieselbe Tätigkeit verrichten, dann finden wir, erreichen sie dasselbe Ende oder

Ziel. Im Gegensatz dazu finden wir, daß im Fall von Mann und Frau jeder sein eigenes Ziel getrennt erreicht, was widersinnig scheint. Aber das ist ein Irrtum, denn wir finden, daß manchmal zwei Sachen zur selben Zeit getan werden. Zum Beispiel beim Kampf der Widder erhalten beide Tiere den Stoß an den Kopf zur selben Zeit. Ebenso ist es, wenn man einen Apfel gegen den anderen wirft, oder beim Ringkampf. Wenn gesagt wird, daß in diesen Fällen die im Spiel befindlichen Dinge dieselben sind, lautet die Antwort, daß auch im Fall von Mann und Frau die Natur der beiden Personen dieselbe ist. Und so wie der Unterschied in der Art ihres Zusammenwirkens nur aus dem Unterschied ihrer Gestaltung entsteht, so folgt, daß Männer dasselbe Vergnügen empfinden wie Frauen.

Der Merksatz zu diesem Thema lautet: „Männer und Frauen von gleicher Wesensart spüren dieselbe Art von Vergnügen. Und deshalb sollte ein Mann eine solche Frau heiraten, denn sie wird ihn ein Leben lang lieben."

Da nun erwiesen ist, daß Männer und Frauen dasselbe Vergnügen erleben, folgt in Bezug auf die Zeitdauer, daß es neun Arten der sexuellen Vereinigung gibt, genauso wie es neun Arten der Vereinigung in Bezug auf die Leidenschaft gibt.

Somit existieren neun Arten der Vereinigung bezüglich der Maße der Organe, der Kraft der Leidenschaft und der Zeitdauer. Kombinationen daraus führen zu zahllosen Möglichkeiten. Deshalb sollten Männer für jede spezielle Form des Beischlafs solche Mittel wählen, die ihnen am passendsten für diese Gelegenheit erscheinen.

Beim ersten Beischlaf ist die Leidenschaft des Mannes intensiv, und er kommt schnell. Aber bei weiteren Vereinigungen am selben Tag wird das Gegenteil der Fall sein. Mit der Partnerin ist es genau umgekehrt, denn beim erstenmal ist ihre Leidenschaft noch schwach, aber dann braucht sie viel Zeit, bis ihr Verlangen befriedigt wird.

Männer mit großer Lebenserfahrung vertreten die Meinung, daß es vier Arten von Liebe gibt: die durch dauernde Gewohnheit erworbene Liebe; die aus der Vorstellung resultierende Liebe; die aus dem Glauben abgeleitete Liebe; die von der Vorstellung der Existenz äußerer Objekte stammende Liebe.

1) Liebe, die aus konstanter und fortgesetzter Durchführung eines Aktes rührt, heißt durch ständiges Praktizieren und durch Gewohnheit erworbene Liebe. Beispiele sind die Liebe zum Geschlechtsverkehr, die Liebe zur Jagd, die Liebe zum Alkohol, die Liebe zum Spiel usw.

2) Liebe, die man für etwas empfindet, an das wir nicht gewöhnt sind und das nur in Gedanken besteht, heißt aus der Vorstellung resultierende Liebe. Dazu gehört z.b. die Liebe, die einige Männer und Frauen und Eunuchen für den Auparishtaka, den Oralverkehr, verspüren, sowie die Liebe, die alle für die Umarmung, das Küssen usw. empfinden.

3) Die Liebe, die auf Gegenseitigkeit beruht und sich als wahrhaft erweist, bei der einer den anderen als sein Selbst betrachtet, nennen die Erfahrenen aus dem Glauben resultierende Liebe.

4) Die Liebe, die aus der Annahme von der Existenz äußerer Objekte resultiert, ist recht evident und der Welt gut bekannt, weil das Vergnügen, das sie bereitet, dem Vergnügen der anderen Formen der Liebe überlegen ist, die nur um ihrer selbst willen existiert.

Was in diesem Kapitel zur sexuellen Vereinigung gesagt wurde, reicht für die Erfahrenen aus. Doch zur Erbauung der Unwissenden wird dasselbe nun ausführlich und im Detail abgehandelt.

V

Vom Umarmen

Dieser Teil des *Kama Shastra*, der die sexuelle Vereinigung behandelt, ist unter dem Namen „Vierundsechzig" - *Chatush-shashti* - bekannt. Einige ältere Autoren sagen, das leite sich aus den vierundsechzig im Werk enthaltenen Kapiteln ab. Andere sind der Meinung, daß der Verfasser dieses Teils Panchala hieß. Und die Person, die den Abschnitt des Rig Veda rezitierte, der Dashatapa genannt wird und vierundsechzig Strophen enthält, hieß ebenfalls Panchala. So habe man diesem Teil des Werkes zu Ehren des Rig Veda den Namen „vierundsechzig" gegeben. Andererseits behaupten die Anhänger Babhravyas, daß dieser Teil acht Themen enthält, nämlich die

Oben: Wenn ein Mann und eine Frau sich sehr lieben und dabei weder an Schmerz noch Verletzung denken, sich einander so umarmen, als würden sie ineinander eindringen, während die Frau auf dem Schoß des Mannes sitzt, ihr Gesicht ihm zugewandt, dann nennt man das die Umarmung wie ein „Gemisch aus Milch und Wasser".

Seite gegenüber: Einige meinen, es gibt keinen festen Zeitpunkt und keine Reihenfolge für die Umarmung, den Kuß, das Pressen oder Kratzen mit den Fingernägeln, außer, daß das alles vor dem eigentlichen Koitus gemacht werden sollte... Vatsyayana hingegen meint, daß alles jederzeit stattfinden kann, denn Liebe kümmert sich nicht um Zeit und Reihenfolge.

Umarmung, das Küssen, Kratzen mit den Fingernägeln, Beißen, Hinlegen, Laute von sich geben, den Teil des Mannes spielen und Oralverkehr. Jedes dieser Themen unterteilt sich in acht Abschnitte. Acht mal acht sind vierundsechzig. Deshalb heißt dieser Teil des *Kama Shastra* eben „vierundsechzig". Doch Vatsyayana erklärt, daß dieser Name wohl zufällig gegeben wurde, da dieser Teil des Buches auch die Themen Schlagen, Schreien, die Handlungen des Mannes während der Vereinigung, die verschiedenen Arten des Koitus usw. enthält. Beispielsweise sagen wir doch, dies ist „Saptaparna", der siebenblättrige Baum. Oder wir sagen: Dieser Reis zum Opfern ist „Panchavarna", also fünffarbig. Trotzdem wissen wir doch, daß der Baum keine sieben Blätter und der Reis keine fünf Farben hat.

Genug jetzt zur Erklärung der „vierundsechzig". Wenden wir uns dem ersten Thema zu, dem Umarmen. Es zeigt die gegenseitige Liebe eines Mannes und einer Frau an, die sich treffen. Es besteht aus vier Möglichkeiten, nämlich dem Berühren, dem Anmachen, dem Reiben und dem Drücken. In jedem einzelnen Fall benennt das Wort, was gemacht wird.

1) Wenn ein Mann unter dem einen oder anderen Vorwand neben einer Frau geht und dabei ihren Körper mit dem seinen berührt, dann heißt das „berührendes Umarmen".

2) Wenn sich eine Frau an einer abgelegenen Stelle bückt, als ob sie etwas aufheben wollte, und dabei einen sitzenden oder stehenden Mann mit ihren hochgedrückten Brüsten anmacht, so daß er nach ihnen greift, dann heißt das „anmachendes Umarmen".

Beide Umarmungsformen finden nur zwischen Personen statt, die noch nicht offen miteinander reden.

3) Wenn zwei Liebende in der Dunkelheit oder an einem einsamen Ort gemeinsam spazieren und ihre Körper aneinander reiben, dann heißt das „reibendes Umarmen".

4) Wenn bei der eben erwähnten Gelegenheit einer von beiden den Körper des anderen kräftig gegen eine Mauer oder Säule drückt, dann heißt das „drückendes Umarmen" Die beiden letzten Umarmungen sind jenen eigen, die die Absichten des anderen kennen.

Zur Zeit der Begegnung sind die folgenden vier Umarmungen üblich: *Jataveshitaka* oder wie sich eine Ranke windet; *Vrikshadhirudhaka* oder das Erklettern eines Baumes; *Til-tandulaka* oder das Mischen von Sesamsaat und Reis; *Kshiraniraka* oder das Mischen von Milch und Wasser.

1) Wenn eine Frau sich so um einen Mann legt, wie sich eine Ranke um den Baum schlingt, seinen Kopf zu sich herunter zieht, um ihn zu küssen und zu liebkosen, dann nennt man das eine Umarmung, die sich wie eine „Ranke windet".

2) Wenn eine Frau einen Fuß auf den ihres Liebhabers gesetzt hat und den anderen auf seinen Oberschenkel, mit einem Arm seinen Rücken umfaßt und mit dem anderen seine Schultern, dabei leise singende und gurrende Laute von sich gibt und so tut, als wollte sie den Mann erklimmen, um ihn zu küssen, dann heißt diese Umarmung das „Erklettern eines Baumes".

Die beiden Umarmungen finden statt, wenn der Liebhaber steht.

3) Wenn die Liebenden im Bett liegen und sich einander so eng umschlingen, daß die Arme und Oberschenkel des einen von den Armen und Oberschenkeln des anderen umfangen sind und sich aneinander reiben, dann heißt diese Umarmung das „Mischen von Sesamsaat und Reis".

4) Wenn ein Mann und eine Frau sich sehr lieben und dabei weder an Schmerz noch Verletzung denken, sich einander so umschlingen, als würden sie ineinander eindringen, während die Frau auf dem Schoß des Mannes sitzt, ihr Gesicht ihm zugewandt, dann heißt diese Umarmung eine „Mischung von Milch und Wasser".

Zu diesen beiden Umarmungen kommt es beim Geschlechtsakt. Derart beschrieb uns Babhravya die zuvor erwähnten acht Arten des Umarmens. Suvarnanabha zeigt uns vier weitere Möglichkeiten, Körperteile zu umfassen: die Umarmung der Oberschenkel; das Umfassen des *Jaghana*, das ist der Teil zwischen Nabel und Oberschenkel; das Umarmen der Brüste und das Berühren der Stirn.

1) Wenn einer der beiden einen oder beide Oberschenkel des anderen Liebenden kräftig zwischen seine Oberschenkel preßt, dann heißt das „Umarmen der Oberschenkel".

2) Wenn ein Mann den *Jaghana*, also den mittleren Teil des weiblichen Leibes, gegen den seinen drückt und sich auf sie legt, sie mit den Nägeln kratzt oder beißt oder schlägt und küßt, wobei das Haar der Frau offen und wallend ist, dann heißt das die „Umarmung des *Jaghana*".

3) Wenn ein Mann seine Brust auf die Brüste der Frau legt und sie fest an sich drückt, dann heißt das „Umarmen der Brüste".

4) Wenn einer der Liebenden den Mund, die Augen und die Stirn des anderen mit seinem Mund, den Augen oder der Stirn berührt, dann heißt das „Berühren der Stirn".

Einige Weise sagen, daß selbst das Massieren von Haar und Körper eine Art des Umarmens sei, weil es eine Berührung von Körpern dabei gibt. Doch Vatsyayana denkt, da das Massieren zu einem anderen Zweck und zu anderer Zeit vorgenommen wird und von ganz anderer Art ist, kann man es nicht zum Umarmen zählen.

Dazu gibt es wieder ein paar Merksätze: „Die Thematik des Umarmens ist derart, daß Männer, die Fragen dazu stellen oder die davon sprechen oder davon hören, schon dadurch das Verlangen nach diesem Vergnügen verspüren. Auch jene Umarmungen, die im *Kama Shastra* nicht erwähnt sind, sollte man während der sexuellen Freuden ausüben, sofern sie nur irgendwie dazu beitragen können, die Liebe und die Leidenschaft zu steigern.

Die Richtlinien des *Shastra* finden so lange Anwendung, wie die Leidenschaft mittelmäßig ist. Doch wenn das Rad der Liebe erst in Schwung ist, gibt es kein *Shastra* und keine Regel mehr."

VI

Vom Küssen

Einige äußern, daß es keinen festen Zeitpunkt und keine Regel gibt für die Umarmung, den Kuß, das Drücken oder das Kratzen mit den Fingernägeln, außer daß das alles vor dem eigentlichen Koitus getan werden sollte, während Schläge und das Äußern von Lauten generell während des Aktes passieren. Vatsyayana hingegen glaubt, daß alles jederzeit Anwendung finden kann, denn Liebe kümmert sich nicht um Zeit und Regeln.

Bei der ersten Vereinigung sollte man mit Küssen und den anderen oben erwähnten Handlungen sparsam umgehen, nicht zu ausgiebig, dafür aber abwechselnd. Bei späteren Gelegenheiten kann genau das Gegenteil von all dem passieren. Und dann ist keine Mäßigung nötig und keine Zeitbegrenzung. Um die Liebe richtig zu entfachen, mag alles gleichzeitig geschehen.

Die Stirn, die Augen, die Wangen, der Hals, der Busen, die Brüste, die Lippen und das Innere des Mundes - das sind die Stellen für Küsse. Für ein junges Mädchen gibt es drei Sorten von Küssen: den nominalen Kuß; den pochenden Kuß; den Berührungskuß.

1) Wenn ein Mädchen den Mund des Liebhabers nur flüchtig mit dem seinen berührt und sonst nichts weiter macht, dann heißt das der „nominale Kuß".

2) Wenn ein Mädchen, die Schüchternheit ein bißchen ablegend, die Lippe berühren möchte, die sich in ihren Mund schiebt, und deshalb die

eigene Unterlippe bewegt - nicht aber die Oberlippe -, dann heißt das der „pochende Kuß".

3) Wenn ein Mädchen die Lippe ihres Liebhabers mit der Zunge berührt, dabei die Augen schließt und seine Hände in die des Partners legt, dann heißt das „Berührungskuß".

Andere Autoren beschreiben vier Arten von Küssen: den geraden Kuß; den gekrümmten Kuß; den gewendeten Kuß; den gepreßten Kuß.

1) Wenn die Lippen der beiden Liebhaber in direkten Kontakt miteinander gebracht werden, dann heißt das „gerader Kuß".

2) Wenn die Köpfe beider Partner sich aneinander schmiegen und sie sich so küssen, dann heißt das „gekrümmter Kuß".

3) Wenn einer das Gesicht des anderen zu sich dreht, indem er ihn am Kinn oder Kopf hält und dann küßt, heißt das „gewendeter Kuß".

4) Wenn die Unterlippe mit viel Kraft gedrückt wird, dann heißt das „gepreßter Kuß".

Es gibt noch eine fünfte Art des Kusses - der „stark gepreßte Kuß". Er kommt zustande, indem man die Unterlippe des Partners zwischen zwei Finger klemmt und dann, nach Berührung mit der Zunge, ganz kräftig die eigene Lippe darauf preßt.

Was das Küssen anlangt, kann man ein Wettspiel machen, wer wen fangen wird. Verliert die Frau, sollte sie so tun, als ob sie weint, sollte den Liebhaber abwehren, sich von ihm wenden, sich mit ihm streiten und eine neue Wette verlangen. Verliert sie wiederum, sollte sie sich

Oben: Auch jene Umarmungen, die nicht im *Kama Shastra* Erwähnung finden, können während der sexuellen Vereinigung ausgeübt werden, wenn sie irgendwie die Steigerung von Liebe und Leidenschaft fördern. Die Regeln des *Shastra* gelten so lange, wie die Leidenschaft des Mannes mäßig ist. Doch wenn das Rad der Liebe erst in Schwung ist, dann gibt es kein *Shastra* und keine Regel mehr.

Seite gegenüber: Bei der ersten Begegnung sollte man nur mäßig küssen und nicht zu lange…wenn einer der beiden Liebhaber das Gesicht des anderen zu sich dreht, indem er ihn am Kinn oder Kopf hält und dann küßt, dann heißt das „gewendeter Kuß".

noch verzweifelter geben, und wenn ihr Liebhaber müde wird oder abgelenkt ist, sollte sie sich seine Oberlippe „erobern", diese zwischen ihren Zähnen festhalten, so daß sie nicht wegrutschen kann. Dann sollte sie lachen, ausgelassen Lärm machen, herumtanzen und auf spaßige Art alles sagen, was ihr in den Sinn kommt, mit den Augen rollen und die Augenbrauen hochziehen. So viel zu den Wettspielen und Zwisten ums Küssen. Aber dasselbe kann auch beim Drücken, Beißen, Schlagen oder Kratzen mit den Fingernägeln stattfinden.

Wenn ein Mann die Oberlippe einer Frau küßt, während sie als Antwort seine Unterlippe küßt, den heißt das „der Kuß der Oberlippe".

Wenn einer von beiden beide Lippen des anderen zwischen seine eigenen nimmt, dann heißt das „Klammerkuß". Eine Frau nimmt einen solchen Kuß aber nur von einem Mann an, der keinen Lippenbart trägt.

Und wenn beim Kuß einer die Zähne, die Zunge und den Gaumen des anderen mit seiner Zunge berührt, dann heißt das „Kämpfen der Zungen". Ähnlich wird das Pressen der Zähne auf den Mund des anderen praktiziert.

Küssen kann auf vier Arten erfolgen: gemäßigt, zusammengezogen, gepreßt und weich, entsprechend den Körperpartien, die man küssen will, denn verschiedene Arten von Küssen eignen sich für verschiedene Körperteile.

Wenn eine Frau ihren schlafenden Liebhaber anschaut und sein Gesicht küßt, um ihre Absicht oder ihr Verlangen zu signalisieren, dann heißt das „Kuß, der Liebe entfacht".

Wenn eine Frau ihren Mann küßt, während der beschäftigt ist, oder während er sich mit ihr zankt, oder während er sich etwas anderes anschaut, so daß er geistesabwesend ist, dann heißt das „Kuß, der ablenkt".

Wenn ein Partner spät abends nach Hause kommt und seine schlafende Liebste in ihrem Bett küßt, um ihr sein Verlangen zu zeigen, dann heißt das „Kuß, der munter macht". Bei dieser Gelegenheit kann die Frau auch vorgeben, bei der Ankunft ihres Liebsten zu schlafen, um so von seinen Absichten zu erfahren.

Wenn eine Person das Bild des Menschen, den sie liebt, im Spiegel, im Wasser oder an der Wand küßt, dann heißt das „Kuß, der die Absicht zeigt."

Wenn eine Person ein Kind auf ihrem Schoß, oder ein Bildnis in Gegenwart der Person küßt, die sie liebt, dann heißt das „übertragener Kuß".

Wenn nachts bei einer Theatervorstellung oder auf einer Versammlung von Kastenangehörigen sich ein Mann einer Frau nähert, und, wenn sie steht, einen Finger ihrer Hand küßt, oder, wenn sie sitzt, eine ihrer Zehen küßt, oder wenn bei ganz anderer Gelegenheit eine Frau den Körper des Liebsten massiert, dabei ihr Gesicht auf seine Schenkel legt (als wäre sie müde), um seine Leidenschaft zu entfachen, und seine Schenkel oder einen Großzeh küßt, dann heißt das „demonstrativer Kuß".

Was auch immer ein Liebhaber dem anderen erweist, es sollte vom anderen erwidert werden, d.h. wenn die Frau ihn küßt, sollte er im Gegenzug sie küssen, wenn sie ihn schlägt, sollte er sie zur Erwiderung auch schlagen.

VII

Vom Drücken, Markieren oder Kratzen mit den Fingernägeln

Wenn Liebe heftig wird, kann es zum Eindrücken oder Kratzen mit den Fingernägeln kommen - und zwar bei folgenden Gelegenheiten: beim ersten Besuch, bei Vorbereitungen für eine Reise, bei der Rückkehr von einer Reise; wenn ein verärgerter Liebhaber versöhnt wird und schließlich wenn eine Frau berauscht ist. Doch das Eindrücken der Fingernägel gehört zu heftiger Leidenschaft. Es geschieht - bei denen, die es mögen-oft gleichzeitig mit dem Beißen.

Das Eindrücken der Nägel erfolgt auf folgende acht Arten, den Mustern entsprechend, die dabei entstehen: das Geräusch, der Halbmond, der Kreis, die Linie, die Tigerkralle, der Fuß des Pfaus, der Sprung des Hasen, das Blatt des blauen Lotus. Folgende Körperstellen können mit den Nägeln „bearbeitet" werden: die Achselhöhle, der Hals, die Brüste, die Lippen, der Mittelteil des Leibes *Jaghana* und die Schenkel. Gute Fingernägel sollten hell sein, gepflegt, sauber, vollständig, konvex, weich und glänzend.

1) Wenn eine Person das Kinn, die Brüste, die Unterlippe oder den *Jaghana* des anderen so zart mit den Nägeln überstreicht, daß das keine Spuren hinterläßt, sondern sich nur die Körperhaare durch diese Berührung aufrichten und die Nägel selbst nur ein Geräusch machen, dann heißt das „mit den Nägeln drücken oder ein Geräusch machen".

Diese Form ist üblich, wenn ein Liebhaber ein junges Mädchen massiert, ihm dabei über den Kopf fährt und ihr ein bißchen Angst machen möchte.

2) Die geschwungene Markierung mit den Nägeln, die auf den Nacken oder die Brüste gekratzt wird, heißt „Halbmond".

3) Wenn zwei Halbmonde gegenüber eingedrückt werden, entsteht der „Kreis". Diese Markierung macht man im allgemeinen am Nabel, an den kleinen Dellen am Gesäß und an den Hüftgelenken.

4) Die Markierung in Form einer kleinen Linie, die an jeder Körperpartie „gezeichnet" werden kann, heißt „Linie".

5) Dieselbe Linie, wenn sie geschwungen auf der Brust gezogen wird, heißt „Tigerkralle".

6) Wenn eine geschwungene Markierung mit fünf Nägeln auf der Brust gemacht wird, dann heißt das „Pfauenfuß". Es braucht viel Geschick, ihn richtig zu machen. Und wenn er gelingt, erwartet man dafür Lob.

7) Wenn fünf Markierungen dicht nebeneinander nahe der Brustwarzen gesetzt werden, dann heißt das „der Sprung des Hasen".

8) Eine Markierung auf der Brust oder auf den Hüften in Form eines Blattes des blauen Lotus, heißt auch „Blatt des blauen Lotus".

Wenn eine Person auf Reisen geht und zuvor eine Markierung auf die Schenkel oder die Brust setzt, dann heißt das „Souvenir zur Erinnerung". Bei dieser Gelegenheit werden drei bis vier Linien dicht beieinander mit den Nägeln gezogen. Es können auch andere als die erwähnten Markierungen mit den Nägeln gemacht werden,

denn die alten Autoren sagen, da es unter den Männern unzählige Abstufungen bei den Fertigkeiten gibt (das Ausüben dieser Kunst ist allen bekannt) gibt es auch unzählige Möglichkeiten, die Markierungen zu setzen. Und da das Eindrücken von Nägeln oder das Markieren unabhängig ist von der Liebe, kann niemand mit Bestimmtheit sagen, wie viele verschiedene Formen von Markierungen denn tatsächlich existieren.

Da Verschiedenheit und Abwechslung in der Liebe notwendig sind, sagt Vatsyayana, so wird Liebe auch erzeugt durch das Mittel der Abwechslung. Das ist auch der Grund dafür, daß Kurtisanen, die die verschiedenen Mittel und Methoden kennen, so sehr begehrt sind. Denn Abwechslung wird in allen Künsten, z.B. dem Bogenschießen, und allen Amüsements gesucht, und daher erst recht bei dem soeben behandelten Thema.

Markierungen mit den Nägeln sollten nicht bei verheirateten Frauen gesetzt werden. Doch besondere Markierungen könnten zur Erinnerung und Steigerung der Liebe auf ihre intimen Körperteile gemacht werden.

Betrachtet eine Frau die Nagelmarkierungen an intimen Stellen ihres Körpers, selbst wenn sie nicht mehr frisch oder fast verblaßt sind, erwacht ihre Liebe erneut. Wenn keine Nagelspuren eine Person an die Stunden der Liebe erinnern, dann flaut die Liebe ebenso ab, als wenn für lange Zeit kein Sex stattfindet. Selbst wenn ein Fremder aus einer gewissen Entfernung eine junge Frau mit Nagelspuren auf der Brust sieht, empfindet er ihr gegenüber Liebe und Achtung.

Ein Mann, der Nagel- und Beißspuren an einigen Stellen seines Körpers trägt, kann ebenfalls die Imagination einer Frau beeinflussen. Alles in allem scheint nichts die Liebe mehr zu steigern als die Effekte der Markierungen von Nägeln und Zähnen.

VIII

Von Schlägen und Geräuschen aus Leidenschaft

Der Geschlechtsakt kann angesichts der Gegensätzlichkeiten der Liebe und ihrer Tendenz zum Disput mit einem Zwist verglichen werden. Schläge aus Leidenschaft treffen bestimmte Körperstellen: die Schultern, den Kopf, die Stelle zwischen den Brüsten, den Rücken, den Mittelteil des Leibes *Jaghana*, die Flanken. Es gibt vier Arten des Schlagens: mit dem

Seite oben und gegenüber: Leidenschaftliche Handlungen und amouröse Gesten und Bewegungen, die in der Hitze des Augenblicks und während des Geschlechtsaktes entstehen, lassen sich nicht benennen...ein Liebespaar wird blind vor Leidenschaft auf dem Höhepunkt seiner Vereinigung und macht mit ungezügeltem Ungestüm weiter, ohne im geringsten aufs Übermaß zu achten.

Handrücken; mit etwas gekrümmten Fingern; mit der Faust; mit der offenen Hand.

Da Schlagen Schmerzen bereitet, führt es auch zu verschiedenen Lauten und Schreien. Es sind die folgenden acht: der Laut des Hin, das donnernde Geräusch, das Gurren, das Weinen, der Laut Phut, der Laut Phat, das Geräusch Sut und das Geräusch Plat.

Außerdem fallen Wörter, wie „Mutter" und jene, die etwas verbieten, die Genughaben ausdrücken, den Wunsch nach Befreiung, Schmerz oder Lob. Dazu noch Geräusche und Laute, wie die der Taube, des Kuckucks, der grünen Taube, des Papageis, der Biene, des Sperlings, des Flamingos, der Ente und der Wachtel, die alle gelegentlich geäußert werden.

Schläge mit der Faust sollten auf den Rücken der Frau gemacht werden, während sie auf dem Schoß des Mannes sitzt; und sie sollte die Schläge erwidern, den Mann beschimpfen, als wäre sie ärgerlich, die gurrenden und weinenden Laute von sich geben. Während des Koitus sollte mit dem Handrücken auf die Stelle zwischen den Brüsten der Partnerin geklatscht werden, erst leicht, dann mit sich steigernder Leidenschaft zunehmend bis zum Ende.

Dabei könnten die Laute des Hin und andere Laute geäußert werden, abwechselnd je nach Geschmack und Gewohnheit. Wenn der Mann beim Laut Phat mit etwas gekrümmten Fingern die Frau leicht auf den Kopf schlägt, heißt das Prasritaka. In diesem Fall sind die geeigneten Laute das Gurren, „Phat" sowie „Phut" aus dem Innern des Mundes sowie am Ende des Koitus die seufzenden und weinenden Geräusche. Der Laut Phat ist eine Imitation des Geräusches, wenn Bambus gespalten wird, während der Laut Phut etwa dem entspricht, wenn etwas ins Wasser fällt. Immer wenn das Küssen und die anderen Handlungen des Vorspiels beginnen, sollte die Frau das mit einem zischenden Geräusch begleiten. Während der Erregung stößt die Frau, die an das Schlagen nicht gewöhnt ist, ständig Wörter der Ablehnung hervor, wie „aufhören" oder „es reicht", und ebenso Wörter, wie „Vater", „Mutter", unterbrochen von Seufzern, Schluchzen und aufbrausenden Geräuschen. Gegen Ende des Koitus sollten die Brüste, der *Jaghana* und die Flanken der Frau mit der Handfläche etwas kräftig gedrückt und dabei Geräusche der Wachtel oder der Gans geäußert werden.

Zum Thema zwei Merksätze: „Man sagt, das

Wesen der Männlichkeit besteht aus Roheit und Ungestüm, während Schwäche, Zärtlichkeit, Sensibilität und eine Abneigung gegen Unangenehmes die bezeichnenden Merkmale der Fraulichkeit sind. Erregung und Lust sowie persönliche Gewohnheiten und Eigenheiten können mitunter zu einer Umkehr führen; aber das hält nicht lange an, und am Ende wird das natürliche Wesen wiederhergestellt."

Die Klemme für die Brust, die Schere für den Kopf, das Instrument zum Durchstechen der Wange und die Kneifzange für Brüste und Flanken mag man gemeinsam mit den anderen vier Formen des Schlagens auch in Betracht ziehen. Das ergibt zusammen acht Möglichkeiten. Aber diese vier Arten des Ansetzens von Instrumenten sind den Menschen der südlichen Länder eigen und die dadurch verursachten Narben sieht man auf den Brüsten der Frauen. Das sind allerdings örtliche Besonderheiten, von denen Vatsyayana jedoch meint, sie sind schmerzhaft und barbarisch und ziemlich unwert, zur Nachahmung empfohlen zu werden.

Örtliche Eigenarten sollten nicht überall übernommen werden. Und selbst dort, wo diese Eigenarten üblich sind, sollte man übermäßigen Gebrauch vermeiden. Ein paar Beispiele mögen zeigen, wie gefährlich ihre Ausübung sein kann: Der König der Panchalas tötete die Kurtisane Madhavasena beim Ansetzen der Zwinge während des Beischlafs. König Shatakarni Shatavahana von Kuntalas nahm seiner großen Königin Malayavati das Leben mit einer Schere, und Naradeva, der eine verkrüppelte Hand hatte, blendete ein Tanzmädchen, als ihm das Instrument zum Piercing entglitt.

Die leidenschaftlichen Handlungen und amourösen Gesten, die in der Hitze des Augenblicks und während des Geschlechtsverkehrs entstehen, lassen sich nicht definieren. Sie sind irregulär wie Träume. Ein Pferd, das im Galopp läuft, wird blind vor Tempo, es achtet nicht auf Löcher und andere Hindernisse auf seinem Weg; ähnlich verhält es sich mit einem Liebespaar, das auf dem Höhepunkt der Wollust blind wird und zügellos weitermacht, ohne im geringsten auf ein Übermaß zu achten. Aus diesem Grunde sollte derjenige, welcher in der Wissenschaft der Liebe versiert ist und seine Kraft sowie die Zartheit, und das Ungestüm der jungen Frauen kennt, entsprechend handeln. Die verschiedenen Arten der Freude eignen sich nicht für jede Gelegenheit und nicht für jede Person, sondern sie sollten zur passenden Zeit, an den passenden Orten und in den passenden Ländern angewendet werden.

IX

Vom Beißen

Alle Stellen, die geküßt werden, sind auch zum Beißen geeignet, außer der Oberlippe, dem Innern des Mundes und den Augen. Gute Zähne lassen sich so beschreiben: Sie sollten ebenmäßig sein, einen gefälligen Glanz haben, sich zum Färben eignen, gute Proportionen aufweisen, unversehrt und mit scharfen Schneiden versehen sein.

Defekte Zähne erkennt man daran, daß sie stumpf sind, aus dem Kiefer nach vorn stehen, rauh, weich, groß mit sichtbaren Abständen dazwischen sind.

Die verschiedenen Formen des Beißens sind: der versteckte Biß; der geschwollene Biß; der Punkt; die Linie aus Punkten; die Koralle und das Juwel; das Band der Juwelen; die geborstene Wolke; der Biß des Wildschweins.

1) Der Biß, der sich nur durch auffällige Rötung der Haut zeigt, heißt der „versteckte Biß".

2) Wenn die Haut an beiden Seiten herunter gepreßt wird, heißt das „geschwollener Biß".

3) Wenn nur ein Stückchen Haut mit beiden Zähnen gebissen wird, heißt das der „Punkt".

4) Wenn solche kleinen Hautabschnitte mit allen Zähnen gebissen werden, heißt das „Linie aus Punkten".

5) Wenn am Biß Zähne und Lippen beteiligt sind, heißt das „die Koralle und das Juwel".

6) Wenn alle Zähne zubeißen, heißt das „Band der Juwelen".

7) Der Biß, der Ungleichheiten in einem Kreis markiert, was von den Zahnzwischenräumen stammt, heißt „geborstene Wolke". Er findet sich auf den Brüsten.

8) Der Biß, der aus vielen breiten Reihen von Markierungen dicht aneinander besteht und der rote Stellen zwischen ihnen hat, heißt „Biß des Wild-schweins". Er wird auf die Brüste und Schultern gesetzt und gilt als Besonderheit der Personen, die mit intensiver Leidenschaft lieben.

Die Unterlippe ist die Stelle, auf die der „versteckte Biß", der „geschwollene Biß" und der „Punkt" gesetzt werden. Der „geschwollene Biß" sowie „Koralle und Juwel" werden auf die Wangen gemacht. Küssen, Eindrücken der Fingernägel und Beißen bringen Ornamente für die linke Wange hervor. Wenn das Wort Wange hier fällt, dann ist damit die linke Wange gemeint. Die „Linie aus Punkten" und das „Band der Juwelen" „zeichnet" man auf die Vorderpartie des Halses, die Achselhöhlen und die Hüften, hingegen die „Linie aus Punkten" allein nur auf die Stirn und Schenkel.

Wie ein Tamala-Blatt auf der Stirn, ein Blumenstrauß, ein Betelblatt oder Schmuckstücke auf der Stirn oder am Ohr, die von der geliebten Frau getragen werden, so gehören auch das Markieren der Nägel und das Beißen zu den Zeichen des Verlangens und des Vergnügens. Unter den erwähnten Liebesbekundungen, nämlich Umarmen, Küssen usw., sollten jene zuerst gemacht werden, die die Leidenschaft steigern, während die zum Amüsieren oder zum Variieren später folgen können.

Dazu gibt es wieder ein paar Merksätze: „Wenn ein Mann eine Frau stark beißt, dann sollte sie ärgerlich dasselbe mit doppelter Kraft tun: Also ein ‚Punkt' muß mit einer ‚Linie aus Punkten' und eine ‚Linie aus Punkten' mit einer ‚geborstenen Wolke' erwidert werden. Und wenn sie so richtig zornig ist, sollte sie plötzlich einen Liebeszwist mit ihm beginnen. Sie könnte ihn bei den Haaren packen, seinen Kopf zu sich biegen, seine Unterlippe küssen, und dann, von der Liebe berauscht, sollte sie die Augen schließen und ihn an verschiedenen Stellen beißen. Auch am Tag und in der Öffentlichkeit, wenn ihr Liebster ihr Markierungen zeigt, die sie auf seinem Körper hinterlassen hat, sollte sie darüber lachen und ein Gesicht aufsetzen, als wollte sie ihn schelten, und ihm dann mit verärgertem Blick die Male auf ihrem Körper zeigen, die von ihm stammen. Darum: Wenn Männer und Frauen so handeln, wie sie es miteinander mögen, dann wird ihre Liebe füreinander selbst in hundert Jahren nicht erkalten."

Oben: Verlangen, das dem Wesen entspringt, durch die Kunst gesteigert wird und dem durch Klugheit alle Gefahr genommen wird, das gilt als beständig und sicher. Ein kluger Mann, der seine Fähigkeiten kennt, die Ideen und Gedanken von Frauen sorgfältig zur Kenntnis nimmt und der die Gründe dafür ausschaltet, daß sie sich von Männern abwenden, der ist im allgemeinen erfolgreich bei ihnen.

Seite gegenüber: Wenn ein Mann versucht, eine Frau für sich zu gewinnen, sollte er deren Gemütszustand erforschen und dann handeln...wenn eine Frau einem Mann eine Chance gibt und ihm ihre Liebe bekundet, dann sollte er alles daran setzen, sich ihrer zu erfreuen.

X

Von verschiedenen Positionen beim Beischlaf

Bei der „hohen Vereinigung" sollte die Rehfrau (Mrigi) sich so legen, daß ihre *Yoni* sich weitet, während bei der „niederen Vereinigung" die Elefantenfrau (Hastini) sich so legt, daß ihre *Yoni* sich verengt. Bei einer gleichwertigen sexuellen Vereinigung liegt sie in ganz natürlicher Position. Was über die Mrigi und Hastini gesagt wurde, gilt ebenso für die Stutenfrau (Vadawa). In einer „niederen Vereinigung" kann die Frau zu stimulierenden medizinischen Mitteln greifen, damit ihr Verlangen schnell befriedigt wird.

Die Rehfrau hat drei Möglichkeiten, sich zu legen: die weit geöffnete Stellung; die gähnende Stellung; die Position der Gattin von Indra.

1) Wenn sie ihren Kopf nach hinten senkt und den Mittelteil ihres Leibes hebt, dann heißt das die „weit geöffnete Stellung". Dabei sollte der Mann sich eines Gleitmittels bedienen, um das Eindringen zu erleichtern.

2) Wenn sie ihre Schenkel hebt und für den Koitus weit spreizt, dann heißt das die „gähnende Stellung".

3) Wenn sie die Schenkel so hochzieht, daß ihre Knie bis an die Achseln stoßen, und sie so zum Koitus bereit ist, dann heißt das die „Stellung von Indrani". Man lernt sie nur durch Übung. Diese Position ist auch nützlich im Fall der „höchsten Vereinigung".

Die „umfassende Stellung" wird in der „niederen Vereinigung" und in der „niedersten Vereinigung" zusammen mit der „pressenden Stellung", der „umwindenden Stellung" und der „Stutenposition" bevorzugt.

Wenn die Beine des Mannes und der Frau ganz ausgestreckt aufeinander liegen, heißt das die „umfassende Stellung". Da gibt es zwei Arten: die Seitenlage sowie die Rückenlage, je nach der Weise, wie die Liebenden liegen. In der Seitenlage sollte der Mann stets auf seiner linken Seite liegen, dementsprechend die Frau auf der rechten Seite. Diese Regel ist beim Beischlaf mit jedem Typ von Frauen zu beachten.

Wenn nach Beginn des Koitus in der „umfassenden Stellung" die Frau ihren Partner fest mit den Schenkeln drückt, dann heißt das die „pressende Stellung". Wenn die Frau einen ihrer Schenkel um die Hüfte ihres Partners legt,

dann heißt das die „umwindende Stellung". Wenn die Frau den *Lingam* in ihrer *Yoni* festhält, dann heißt das „Stutenposition", die man nur durch Übung lernt.

Dies sind die verschiedenen Möglichkeiten zu liegen, wie sie Babhravya erwähnte. Suvarnanabha fügt noch die folgenden hinzu:

Wenn die Frau beide Schenkel gerade hochstreckt, dann heißt das „emporgehobene Position".

Wenn die Frau beide Schenkel noch höher zieht und die Füße auf die Schultern des Partners stellt oder legt, dann heißt das „gähnende Position".

Wenn die angewinkelten Beine der Frau vom Liebhaber vor seine Brust gehalten werden, heißt das die „gepreßte Stellung".

Wenn bei der vorigen Stellung eins ihrer Beine ausgestreckt ist, heißt das „Halb gepreßte Position".

Wenn die Frau eines ihrer Beine auf die Schulter des Liebhabers legt und das andere ausstreckt, dann das erste ausstreckt und das andere auf die Schulter des Liebsten legt, und das abwechselnd tut, dann heißt das „einen Bambus spalten".

Wenn eins ihrer Beine auf ihrem Kopf ruht und das andere ausgestreckt wird, heißt das „einen Nagel einschlagen". Die Frau muß sehr gelenkig sein und lernt die Position nur mit viel Übung.

Wenn die Frau beide Beine angewinkelt auf ihren Leib legt, dann heißt das „Krabbenstellung".

Wenn beide die Schenkel gehoben haben und sie gegeneinander pressen, heißt das die „gepackte Stellung".

Wenn die Unterschenkel aufeinander gelegt werden, heißt das die „Lotus ähnliche Position".

Wenn ein Mann sich während des Geschlechtsaktes dreht und sich dabei nicht von seiner Partnerin trennt, während sie ihn die ganze Zeit über an der Lendenwirbelsäule festhält, dann heißt das die „Wendeposition". Man lernt sie wiederum nur durch Üben.

Deshalb empfiehlt Suvarnanabha: Diese verschiedenen Möglichkeiten, sich zu legen, zu setzen oder zu stellen, sollten am besten im Wasser praktiziert werden, weil sie sich da einfach durchführen lassen. Doch Vatsyayana meint, daß Geschlechtsverkehr im Wasser unziemlich ist, da religiöse Regeln das verbieten.

Wenn ein Mann und eine Frau ihre Körper gegenseitig abstützen oder sich an eine Wand oder Säule lehnen und so Sex im Stehen machen, dann heißt das „gestützte Vereinigung". Wenn nur der Mann sich gegen eine Wand lehnt und die Frau - auf seinen gefalteten Händen sitzend und von unten gehalten - ihre Arme um seinen Nacken schlingt und ihre Unterschenkel um seine Hüften, dabei ihren Körper bewegt, weil sich ihre Füße von der Wand abstoßen, an der der Mann lehnt, dann heißt das die „schwebende oder hängende Stellung".

Wenn eine Frau wie ein Vierfüßler auf Händen und Füßen steht und ihr Partner sie von hinten, wie ein Bulle, begattet, dann heißt das „Begattung einer Kuh". Dabei kommen dem Rücken und dem Gesäß alle Liebkosungen zu, die sonst normalerweise der Busen erfährt. Auf dieselbe Art kann der Koitus eines Hundes, einer Ziege, eines Rehes, einer Katze, die gewaltsame Paarung mit einer Eselin, der Tigersprung, das Pressen des Elefanten, das Scheuern des Wildschweins und das Bespringen des Pferdes imitiert werden. In allen Fällen kommt es darauf an, die Eigenschaften der verschiedenen Tiere zum Ausdruck zu bringen, indem man den Geschlechtsakt so vollzieht, wie sie sich paaren.

Wenn ein Mann sich zweier Frauen zur gleichen Zeit erfreut, die ihn beide gleichermaßen lieben, dann heißt das „vereinter Koitus".

Wenn ein Mann mehrere Frauen gleichzeitig beglückt, dann spricht man von einer „Vereinigung mit einer Herde von Kühen".

Die folgenden sexuellen Vereinigungen, nämlich im Wasser, die Paarung des Elefanten mit vielen Elefantenkühen, die Vereinigung mit einer kleinen Herde von Ziegen, die Vereinigung mit mehreren Rehen, finden statt, indem man diese Tiere nachahmt.

In Gramaneri erfreuen sich junge Männer einer Frau, die mit einem von ihnen verheiratet sein könnte. Diesen Geschlechtsakt können sie nacheinander oder zur gleichen Zeit vollziehen. Einer hält sie, ein anderer begattet sie, ein dritter nutzt ihren Mund, ein vierter umfaßt ihren Unterleib. So erfreuen sie sich abwechselnd der Körperpartien der Frau. Dasselbe kann passieren, wenn mehrere Männer sich in Begleitung einer Kurtisane befinden, oder wenn eine Kurtisane mit mehreren Männern allein ist. Ebenso kann das geschehen bei den Haremsdamen des Königs, wenn sie zufällig einen Mann treffen.

Die Menschen in den südlichen Ländern praktizieren auch Analverkehr, der „niedere Vereinigung" heißt. Das also zu den Varianten des Beischlafs. Zum Thema gibt es zwei Merksätze: „Eine erfinderische Person sollte die Arten des Sexualaktes durch Anregungen aus der Tier- und Vogelwelt variieren. Denn diese unterschiedlichen Formen der Vereinigung, ausgeübt entsprechend den Gewohnheiten jedes Landes und dem Geschmack jedes einzelnen, wecken Liebe, Freundschaft und Achtung in den Herzen der Frauen."

XI

Von vertauschten Rollen

Wenn eine Frau erkennt, daß ihr Liebhaber durch andauernden Sex ermüdet ist, ohne sein Verlangen befriedigt zu haben, dann sollte sie ihn mit seiner Einwilligung auf den Rücken drehen und ihn unterstützen, indem sie seine Rolle übernimmt. Sie kann das auch tun, um die Neugier ihres Partners zu wecken, oder seinem Wunsch oder ihrem eigenen Verlangen nach etwas Neuem zu entsprechen.

Es gibt zwei Wege, das zu tun. Der erste ist, wenn sie sich während des Koitus zusammen mit ihrem Liebhaber nach oben dreht und zwar derart, daß es keine Unterbrechung der Liebesvereinigung gibt. Beim zweiten übernimmt sie die Rolle des Mannes bereits zu Beginn. In beiden Fällen sollte sie mit aufgelöstem Haar, ihr Lächeln von heftigen Atemstößen unterbrochen, ihre Brüste fest auf seinen Brustkorb pressen, den Kopf auf- und abbewegen und dieselben Handlungen vornehmen, die sie von ihm in seiner Rolle gewöhnt ist. Seine Schläge sollte sie erwidern, ihn reizen und sagen: „Ich wurde von

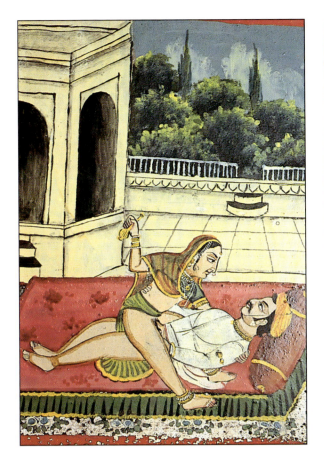 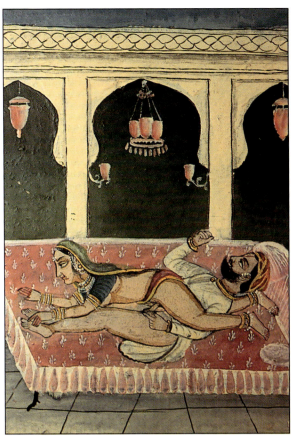

Oben: ... mit aufgelöstem Haar, ihr Lächeln von heftigen Atemstößen unterbrochen, sollte sie ihre Brüste fest auf seinen Brustkorb pressen, den Kopf auf- und abbewegen und dieselben Handlungen vornehmen, die sie von ihm in seiner Rolle gewöhnt ist. Seine Schläge sollte sie erwidern, ihn reizen und sagen: „Ich wurde von dir mit hartem Sex fertiggemacht. Jetzt werde ich dich fertigmachen."

Seite gegenüber: Wenn eine Frau erkennt, daß ihr Liebhaber durch andauernden Sex ermüdet ist, ohne sein Verlangen befriedigt zu haben, dann sollte sie ihn mit seiner Einwilligung auf den Rücken drehen und ihn unterstützen, indem sie seine Rolle übernimmt. Sie kann das auch tun, um die Neugier ihres Partners zu wecken, oder seinem Wunsch oder ihrem eigenen Verlangen nach etwas Neuem zu entsprechen.

dir mit hartem Sex fertiggemacht. Jetzt werde ich dich fertigmachen." Dann muß sie wieder ihre Schüchternheit, ihre Ermattung und ihren Wunsch nach Beendigung des Beischlafs zeigen.

Was ein Mann auch immer zum Vergnügen einer Frau tut, das heißt die Arbeit oder das Werk des Mannes. Das könnte so aussehen: Während die Frau auf seinem Bett liegt und durch seine Unterhaltung abgelenkt wird, sollte er den Knoten ihres Untergewandes lösen. Wenn sie sich deshalb wehren will, überwältigt er sie mit Küssen. Dann, wenn sein *Lingam* steif ist, berührt er sie mit seinen Händen an verschiedenen Körperstellen und streichelt sie zärtlich. Wenn die Frau schüchtern ist und man erstmals zusammen ist, sollte der Mann seine Hände zwischen ihre Schenkel legen, die sie wahrscheinlich geschlossen hält. Wenn sie sehr jung ist, sollte er zunächst eine Hand auf ihre Brust, die sie sicherlich mit ihren Händen bedecken will, dann unter ihre Achsel und auf den Nacken legen. Ist sie allerdings eine erfahrene Frau, kann er alles machen, was beiden gefällt. Danach streichelt er ihr Haar, und hebt ihr Kinn, um sie zu küssen. Dabei wird sie schamvoll die Augen schließen, wenn sie noch sehr jung ist. Vom Verhalten der Frau und von ihren Reaktionen sollte er ablesen, welche Dinge ihr vor oder während der Vereinigung gefallen.

Die Zeichen des Vergnügens und der Befriedigung der Frau äußern sich so: Ihr Körper entspannt sich. Sie schließt die Augen. Sie legt alle Scheu und Zurückhaltung ab und deutet wachsende Bereitschaft an, die beiden Organe so eng wie nur möglich miteinander zu vereinen. Andererseits sind die Zeichen ihres Wartens auf sexuelle Freude sowie ausbleibender Befriedigung diese:

Sie schüttelt ihre Hände. Sie läßt den Mann nicht aufstehen, beißt den Mann, stößt ihn und setzt ihre sexuellen Bewegungen fort, nachdem der Mann schon aufgehört hat. In solchen Fällen sollte der Mann beim Vorspiel die *Yoni* der Frau so mit den Fingern reiben und massieren (so wie der Elefant alles mit seinem Rüssel reibt und greift), bis sie feucht wird. Dann kann er seinen *Lingam* in sie einführen.

Was der Mann beim Akt zu machen hat: sich vorwärts bewegen; reiben und rühren; hinein-stechen; rubbeln, pressen, zustoßen, den Stoß des Wildschweins und den des Bullen machen, die Spielart des Sperlings anwenden.

1) Wenn die Organe direkt und richtig ineinander geführt werden, heißt das „das Organ vorwärts bewegen".

2) Wenn der *Lingam* mit der Hand in der *Yoni* im Kreis bewegt wird, heißt das „Rühren".

3) Wenn die *Yoni* gesenkt wird und der *Lingam* den oberen Teil bearbeitet, dann heißt das „Hineinstechen".

4) Geschieht dasselbe mit dem unteren Teil der *Yoni*, dann heißt das „Rubbeln".

5) Wenn die *Yoni* lange vom *Lingam* gedrückt wird, dann heißt das „Pressen".

6) Wenn der *Lingam* ein Stück aus der *Yoni* gezogen und dann kräftig wieder hinein geschoben wird, dann heißt das „Zustoßen".

7) Wenn nur ein Teil der *Yoni* vom *Lingam* gerieben wird, dann heißt das „Stoß des Wildschweins".

8) Wird die *Yoni* von zwei Seiten gerieben, dann heißt das der „Stoß des Bullen".

9) Wenn der *Lingam* sich in der *Yoni* schnell auf- und abbewegt, ohne ganz heraus gezogen zu werden, heißt das die „Spielart des Sperlings".

Wenn eine Frau die Rolle des Mannes übernimmt, kann sie zusätzlich zu den neun genannten Varianten noch die Zange, die Spitze und die Schaukel ausführen.

1) Wenn die Frau den *Lingam* in der *Yoni* festhält, ihn zieht und drückt und ihn somit für eine lange Zeit in sich fixiert, dann heißt das die „Zange".

2) Wenn sie sich beim Koitus auf dem Leib des Mannes wie ein Rad dreht, dann heißt das die „Spitze". Das lernt man nur durch Übung.

3) Wenn dabei der Mann den Mittelteil des Körpers hebt und die Frau sich um ihr Mittelteil dreht, dann heißt das die „Schaukel".

Wenn die Frau müde ist, sollte sie ihre Stirn an die des Partners legen, sich dabei ausruhen, ohne den Koitus der Organe zu stören. Und wenn die Frau etwas ausgeruht hat, sollte der Mann sich wieder drehen und den Akt erneut beginnen.

Die Merksätze lauten: „Obwohl sich eine Frau reserviert gibt und ihre Gefühle nicht offen zeigt, so läßt sie doch erkennen, wenn sie sich auf den Mann legt, wie stark ihre Liebe und ihr Verlangen sind. Ein Mann sollte vom Verhalten der Frau ableiten, was sie im Schilde führt und auf welche Art sie befriedigt werden möchte. Eine Frau während der Menses, eine Frau, die erst kurz zuvor entbunden hat, und eine dicke Frau sollten nicht die Rolle des Mannes übernehmen."

XII

Vom Auparishtaka, dem Oralverkehr

Es gibt zwei Typen von Eunuchen - jene, die sich als Männer verkleiden und aufführen, und jene, die als Frauen daherkommen. Die als Frauen verkleideten Eunuchen tragen entsprechende Kleider, imitieren Sprache, Gesten, Zärtlichkeit, Schüchternheit, Einfachheit, Weichheit und Scheu der Frauen. Was der Mann gewöhnlich am weiblichen Unterleib macht, geschieht nun im Mund des Eunuchen. Dies nennt man Auparishtaka. Diese Eunuchen erlangen ihr imaginäres Vergnügen und ihren Lebensunterhalt durch diese Form der Vereinigung. Sie leben das Leben von Kurtisanen. Dies zu den Eunuchen, die sich als Frauen geben.

Als Männer verstellte Eunuchen behalten ihre Wünsche für sich. Wenn sie eine Tätigkeit ausüben, dann bevorzugen sie die des Masseurs. Unter dem Vorwand des Massierens umfaßt ein Eunuch dieses Typs die Schenkel des Mannes, den er massiert, zieht sie an sich heran und berührt danach dessen Hüften und den mittleren Teil des Körpers. Wenn er bemerkt, daß der *Lingam* des Mannes steht, preßt er ihn mit der Hand und reizt ihn weiter. Wenn der Mann die Absicht des Massierenden erkannt hat und sich nicht dazu äußert, setzt der Eunuch seine Tätigkeit fort und beginnt den Verkehr. Wenn der Mann den Masseur allerdings nachdrücklich zum Weitermachen auffordert, dann sträubt der sich zunächst ein bißchen und gibt erst zum Schluß, scheinbar widerwillig, nach.

Acht Verrichtungen führt der Eunuch dann nacheinander aus: die nominale Vereinigung; die Seiten beißen, außen drücken, innen drücken, küssen, reiben, eine Mangofrucht aussaugen, verschlucken.

Wenn eine Verrichtung beendet ist, bekundet der Eunuch seinen Wunsch, aufzuhören. Doch wenn der Mann noch eine „Behandlung" verlangt, dann folgt die nächste und danach noch eine usw.

1) Wenn der Eunuch den *Lingam* des Mannes in der Hand hält, ihn zwischen seine Lippen nimmt und dann den Mund darüber stülpt, dann heißt das die „nominale Vereinigung".

2) Wenn der Eunuch das Ende des *Lingam* wie eine Blüte zwischen den Fingern hält und die Seiten mit den Lippen drückt, aber auch mit den Zähnen zwickt, dann heißt das „die Seiten beißen".

3) Wenn er zum Weitermachen aufgefordert wird, preßt der Eunuch das Ende des *Lingams* kräftig mit den Lippen und küßt ihn, als ob er ihn herausziehen wollte. Das heißt „außen drücken".

4) Bei der nächsten Stufe steckt er sich den *Lingam* noch tiefer in den Mund, preßt ihn mit den Lippen und läßt wieder los. Das heißt „innen drücken".

5) Wenn der Eunuch den *Lingam* in seiner Hand hält und so küßt wie den unteren Teil des Gliedes, dann heißt das „küssen".

6) Wenn nach dem Küssen die Zunge über das ganze Glied fährt und dabei sein oberes Ende passiert, dann heißt das „reiben".

7) Wenn auf dieselbe Art der halbe Penis in den Mund genommen, kräftig geküßt und an ihm gesaugt wird, heißt das „eine Mango aussaugen".

8) Wenn der Eunuch mit Einwilligung des Mannes schließlich den ganzen *Lingam* in seinen Mund nimmt und ihn bis zum Ende bearbeitet, dann heißt das „verschlucken".

Bei dieser Form des Verkehrs mag es auch zum Schlagen und Kratzen kommen.

Der Oralverkehr wird auch von unkeuschen und gewöhnlichen Frauen, Dienerinnen, Dienstmädchen ausgeführt, d.h. von solchen, die mit niemandem verheiratet sind, aber vom Massieren leben.

Die Acharyas - die ehrenwerten alten Autoren - vertreten die Ansicht, daß dieser Oralverkehr Sache eines Hundes und nicht eines Mannes ist, weil es eine niedere Handlung ist, die den Regeln der Heiligen Schrift widerspricht, und weil der Mann Schaden nimmt, indem er seinen *Lingam* in Kontakt mit dem Mund von Eunuchen und Frauen bringen läßt. Aber Vatsyayana meint, daß die Regeln der Heiligen Schrift für jene nicht gelten, die Kurtisanen besuchen, und das Gesetz nur den Oralverkehr mit verheirateten Frauen verbietet. Was die Verletzung des Mannes betrifft, dem kann vorgebeugt werden.

Die Diener einiger Personen pflegen den Oralverkehr mit ihren Herren. Auch unter einigen Bürgern, die sich gut kennen, ist er untereinander

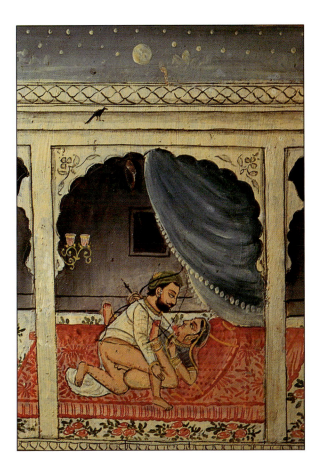 

Oben: Ein Mann, der die Gefühle einer Frau für ihn erkannt hat, und der die Gesten und Bewegungen, mit denen diese Gefühle ausgedrückt werden, zu deuten vermag, sollte alles in seiner Macht Stehende tun, eine Vereinigung mit ihr zu erreichen. Er sollte ein junges Mädchen durch altersgemäße Spiele für sich gewinnen, eine reifere Jungfrau durch seine Fähigkeiten in den Künsten und ein Mädchen, das ihn liebt, durch Mithilfe von Personen, denen es vertraut.

Seite gegenüber: In Gramaneri erfreuen sich junge Männer einer Frau, die mit einem von ihnen verheiratet sein könnte. Diesen Geschlechtsakt können sie nacheinander oder zur gleichen Zeit vollziehen. Einer hält sie, ein anderer begattet sie, ein dritter nutzt ihren Mund, ein vierter umfaßt ihren Unterleib. So erfreuen sie sich abwechselnd der Körperpartien der Frau.

üblich. Einige Haremsdamen haben Oralverkehr mit ihren Gefährtinnen, wenn sie liebebedürftig sind. Und einige Männer machen es mit Frauen. Wie man das macht (d.h. die *Yoni* küssen), kennt man vom Küssen des Mundes. Wenn ein Mann und eine Frau beim Oralverkehr Kopf an Fuß liegen, dann heißt das „Vereinigung der Krähe".

In der Sucht nach Auparishtaka verlassen Kurtisanen mitunter Männer, die liberal und versiert sind, und die andere guten Eigenschaften besitzen. Die Kurtisanen fühlen sich zu Personen niederer Herkunft hingezogen, wie beispielsweise Sklaven oder Elefantenwärtern, die bereit sind, Oralverkehr mit ihnen zu haben. Der Oralverkehr sollte niemals von einem Brahmanen, einem Minister mit staatlicher Verantwortung oder von einem Mann mit gutem Ruf ausgeführt werden, weil - obwohl von den *Shastras* erlaubt - es keinen Grund gibt, ihn zu praktizieren. Er sollte nur in besonderen Fällen angewendet werden.

XIII

Wie man Lust weckt

Wenn ein Mann unfähig ist, eine Elefantenfrau (Hastini) zu befriedigen, dann sollte er verschiedene Mittel nutzen, ihre Leidenschaft zu wecken. Zu Beginn sollte er mit den Händen und Fingern ihre *Yoni* reiben. Das ist ein Weg, eine Frau sexuell zu reizen. Er kann auch gewisse Apadravyas genannte Hilfsmittel, die dem *Lingam* angelegt werden, verwenden. Sie machen das Glied länger oder dicker. Nach Ansicht von Babhravya sollten diese Hilfsmittel aus Gold, Silber, Kupfer, Eisen, Elfenbein, Büffelhorn, verschiedenen Hölzern, Blech oder Blei sein. Sie müssen weich, kühl, sexuell stimulierend sein und gut sitzen.

Nun zu einigen solcher Apadravyas: Der „Armreif" (Valaya) sollte die gleiche Größe wie das Glied besitzen. Seine Außenfläche ist rauh, mit Noppen besetzt. Das „Paar" (Sanghati) besteht aus zwei Armreifen. Die „Armspange" (Chudaka) besteht aus drei oder mehr miteinander verbundenen Armreifen, bis sie die erforderliche Länge des Gliedes erreichen. Die „Einzelarmspange" wird geformt durch Umwickeln des *Lingam* mit Draht, entsprechend seines Ausmaßes. Das „Kantuka" oder „Jalaka" ist ein an beiden Enden offenes Rohr, außen rauh und mit weichen Noppen besetzt, um der Größe der Scheide zu entsprechen. Es wird um die Hüfte gebunden.

Sind solche Hilfsmittel nicht erhältlich, kann es auch eine Röhre aus Holzapfelholz, das Röhrenstück des Flaschenkürbis oder ein dickes, durch Öl und Pflanzenextrakte weich gemachtes Stück Schilfrohr sein. Man befestigt sie mit Schnur an der Hüfte. Die genannten Hilfsmittel können in Verbindung mit oder anstelle des Penis verwendet werden.

Zum Abschluß auch dazu einige Merksätze: „Jener, der mit den wahren Prinzipien dieser Wissenschaft der Liebe vertraut ist, achtet *Dharma, Artha,* und *Kama* und berücksichtigt seine Erfahrungen und die Lehren anderer. Er handelt nicht einfach nach dem Diktat seines Verlangens.

Eine Handlung wird niemals mit Nachsicht bewertet, nur weil sie von der Wissenschaft autorisiert worden ist. Denn es muß daran erinnert werden: Die Absicht der Wissenschaft ist es, daß nach den von ihr aufgestellten Regeln nur in besonderen Fällen verfahren werden sollte. Nach dem Lesen und Studieren der Werke von Babhravya und anderen alten Autoren wurde das *Kamasutra* von Vatsyayana entsprechend den Vorschriften der Heiligen Schrift zusammengestellt, zum Nutzen der Welt, während er das Leben eines religiösen Studenten führte und sich ganz in die Anbetung der Gottheit versenkte.

Dieses Werk beabsichtigt nicht, einzig als eine Anleitung zur Befriedigung unserer Wünsche zu dienen. Eine Person, die die wahren Prinzipien dieser Wissenschaft kennt, und die ihr *Dharma, Artha* und *Kama* hütet und die Bräuche der Menschen achtet, wird mit Gewißheit die Meisterung über ihre Sinne und Gefühle erlangen.

Kurz gesagt, eine intelligente und umsichtige Person, die das *Dharma* und *Artha* sowie *Kama* befolgt, ohne zum Sklaven ihrer Leidenschaften zu werden, erlangt Erfolg in allem, was sie unternehmen mag."

Teil II

Über die Verführung

I

Von den charakteristischen Merkmalen der Männer und der Frauen

Ein Mann kann hinter der Frau eines anderen her sein, sozusagen um sein Leben zu retten, wenn er empfindet, daß seine Liebe zu ihr in der Intensität unaufhörlich zunimmt. Es gibt zehn Stufen wachsender Intensität mit folgenden Merkmalen: Liebe durch Blickkontakt; Verständnis füreinander bzw. Seelenverwandtschaft; ständiges Denken an sie; Schlaflosigkeit; Abmagern; Abwenden von Vergnügungen; Verlust des Schamgefühls; Irrsinn; Ohnmacht; Tod.

Die älteren Autoren sagen, daß ein Mann von der Form des weiblichen Körpers und von ihren Eigenschaften und Kennzeichen die Einstellung, die Wahrhaftigkeit, Reinheit und den Willen einer jungen Frau ablesen und ebenso die Intensität oder Schwäche ihrer Leidenschaft erkennen sollte. Doch Vatsyayana ist der Ansicht, daß die Formen des Körpers und die Eigenschaften und Kennzeichen auch falsche Aufschlüsse über den Charakter liefern können und daß Frauen nach ihrem Benehmen, der Ausdruckskraft ihrer Gedanken und den Körperbewegungen beurteilt werden sollten.

Nun gibt Gonikaputra als generelle Regel an, daß eine Frau sich in jeden hübschen Mann verliebt, den sie sieht, wegen verschiedener Umstände häufig aber keine weiteren Schritte unternimmt. Bei der Liebe treffen auf die Frau folgende Umstände zu: Sie liebt ohne Rücksicht auf Recht oder Unrecht und versucht nicht, den Mann einfach zur Erreichung eines bestimmten Zieles rumzukriegen. Ja wenn ein Mann zuerst die Initiative ergreift, scheint sie unwillig zu sein, sich mit ihm zu verbinden. Doch wenn die Versuche, sie zu gewinnen, hartnäckig genug wiederholt werden, willigt sie schließlich ein. Andererseits darf die Frau die Versuche nicht aufgeben, den Mann für sich zu gewinnen, der seine Gefühle aus Moral und Klugheit unter Kontrolle hält und ihnen nicht nachgibt, selbst wenn er zu lieben begonnen haben sollte und oft an die Frau denkt. Manchmal unternimmt er einen Anlauf, das Objekt seiner Zuneigung zu bekommen, und wenn das nicht klappt, gibt er auf. Erobert er sie hingegen zu schnell und zu einfach, dann wird er ihrer oft überdrüssig.

Die Gründe dafür, daß Frauen versuchen, Annäherungsversuche von Männern zurückzuweisen, lauten: Zuneigung zu ihrem Gatten; Wunsch nach einem legitimen Kind; Mangel an Gewißheit, da der Mann viel herumreist; Möglichkeit, daß der Mann bereits einer anderen gehört; Angst, daß der Mann seine Absichten nicht für sich behält; Glaube, daß der Mann zu sehr seinen Freunden ergeben ist und ihnen zuviel Aufmerksamkeit widmet; Scheu, da er eine angesehene Persönlichkeit ist; Angst, da er mächtig ist oder - im Fall der Rehfrau - zu

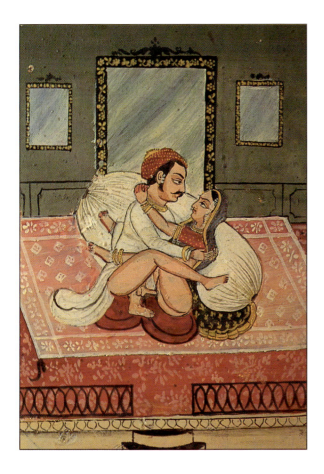 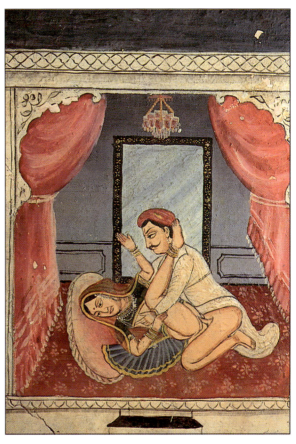

Oben: Zu Beginn des Koitus ist die Leidenschaft der Frau mäßig. Das kräftige Zustoßen ihres Liebhabers kann sie kaum ertragen. Doch allmählich wächst ihre Leidenschaft, bis die Frau aufhört, an ihren Körper zu denken.

Seite gegenüber: Ein Mädchen gibt seine Liebe durch äußere Zeichen und Gesten zu verstehen: Niemals schaut es dem Mann ins Gesicht, und es schämt sich, wenn er es betrachtet...es läßt den Kopf hängen, wenn es von ihm etwas gefragt wird, und spricht unzusammenhängend und in unvollständigen Sätzen...es trägt immer etwas, was er ihm geschenkt hat, und wird betrübt, wenn die Eltern beispielsweise von einem anderen Bräutigam reden.

ungestüme Leidenschaft besitzt; Schüchternheit angesichts seiner Erfahrenheit; der Gedanke, einst mit ihm nur freundschaftlich verbunden gewesen zu sein; Geringschätzung, da es ihm an Kenntnissen über die Welt mangelt; Mißtrauen wegen seines niederen Charakters; Abneigung wegen seiner Unfähigkeit, ihre Liebe für ihn zu begreifen; im Fall einer Elefanten-Frau der Gedanke, daß er ein Hase-Mann ist oder nur schwache Leidenschaft zeigt; Sorge, daß ihm irgend etwas wegen seiner Leidenschaft zustoßen könnte; Verzweiflung über die eigene Unvollkommenheit; Furcht vor der Entdeckung; Illusionslosigkeit angesichts seiner grauen Haare oder seines schäbigen Aussehens; Angst, daß er von ihrem Gatten geschickt sein könnte, um ihre Keuschheit zu prüfen; der Gedanke, er könnte zuviel Wert auf Moral legen.

Welche der genannten Gründe ein Mann auch erfahren mag, er sollte sich von Anfang an bemühen, sie zu beseitigen. So muß er die Scheu, die vielleicht von seiner Bedeutung und seinem Können verursacht wird, beseitigen, indem er der Frau seine starke Liebe und große Zuneigung bekundet. Den Mangel an Gelegenheiten oder seine Unerreichbarkeit sollte er aus der Welt schaffen, indem er ihr einige einfache Wege des Zugangs zu ihm zeigt. Der ausufernde Respekt seitens der Frau ihm gegenüber sollte ausgeräumt werden, indem er sich sehr umgänglich gibt. Die Schwierigkeiten, die daraus entstehen, daß er als schwacher Charakter betrachtet wird, sollte er gegenstandslos machen, indem er seine Tapferkeit und Weisheit demonstriert; und jene, die aus Vernachlässigung stammen, durch verstärkte Aufmerksamkeit, und solche, die aus Furcht entstehen, durch geeignete Ermutigung wettmachen.

Folgende Typen von Männern haben gewöhnlich Erfolg bei Frauen: die in der Wissenschaft der Liebe versierten Männer; jene, die talentierte Geschichtenerzähler sind; Männer, die von ihrer Kindheit an mit Frauen vertraut sind; jene, die das Vertrauen von Frauen gewonnen haben; Männer, die gern Geschenke machen; gute Unterhalter; Männer, die das machen, was sie mögen; jene, die zuvor noch keine andere Frau geliebt haben; Männer, die als Botschafter geschickt werden; die ihre Schwachpunkte kennen; Männer, die mit ihren Freundinnen vereint sind; die gut aussehen; Männer, die mit Frauen aufgewachsen sind;

Männer, die sich sexuellen Vergnügungen hingeben, selbst wenn es mit den eigenen Dienerinnen ist; die Liebhaber der Töchter ihrer Amme; die spät geheiratet haben; Männer, die Geselligkeit mögen; liberale Männer; jene, die man wegen ihrer Stärke (Bullenmänner) rühmt; tapfere Männer und solche mit Unternehmungs-geist; Männer, die den eigenen Gatten in Aussehen, in Erfahrung, in guten Eigenschaften und Freizügigkeit ausstechen; Männer, deren Kleidung und Lebensart großartig sind.

Nachfolgend die Frauentypen, die man einfach erobert: Frauen, die an der Haustür stehen; Frauen, die stets auf der Straße Ausschau halten; Frauen, die schwatzend im Haus des Nachbarn sitzen; eine Frau, die die Männer anstarrt; eine Botin; eine Frau, die Männer von der Seite ansieht; eine Frau, die ihren Ehemann haßt, oder die keine Kinder hat; eine Frau, deren Familie oder Kaste nicht sehr bekannt sind; eine Frau, deren Kinder gestorben sind; eine nach Gesellschaft süchtige Frau; eine Frau, die scheinbar ihrem Gatten sehr zugetan ist; die Gattin eines Schauspielers; eine Witwe; eine arme Frau; eine Vergnügungssüchtige; eine Eitle; eine Frau, deren Gatte ihr im Rang oder in den Fähigkeiten unterlegen ist; eine Frau, die stolz ist auf ihr künstlerisches Geschick; eine Frau, deren Geist durch Schuld ihres Gatten verwirrt ist; eine Frau, die als Kleinkind mit einem reichen Mann verheiratet wurde und ihn nicht mochte, als sie erwachsen wurde, wünscht einen Mann, der in Gesinnung, Talent und Klugheit zu ihr paßt; eine Frau, die grundlos von ihrem Gatten gering geschätzt wird; eine Frau, die von anderen Frauen gleicher Stellung und Schönheit nicht geachtet wird; eine Frau, deren Mann viel reist; die Gattin eines Juweliers; eine eifersüchtige Frau, eine Habsüchtige; eine Unmoralische; eine sterile Frau; eine Faule; eine feige Frau; eine Buckelige; eine Zwergin; eine versehrte Frau; eine vulgäre Frau, eine übelriechende Frau, eine Leidende, eine alte Frau.

Die Merksätze zu diesem Thema: „Verlangen, das der Natur entspringt, und das durch die Kunst gesteigert wird, und das durch Klugheit alle Gefährlichkeit verliert, wird fest und beständig. Ein kluger Mann, der sich auf seine Fähigkeit verläßt und sorgsam die Ideen und Vorstellungen von Frauen beachtet, und der die Gründe dafür beseitigt, daß sich Frauen von Männern trennen, wird im allgemeinen Erfolg bei ihnen haben."

II

Von Frauen, die in der Gunst der Männer stehen

Wenn Männer der vier Kasten, entsprechend den Regeln der Heiligen Schrift, das Kama (d.h. durch legale Heirat) mit einer Jungfrau ihrer eigenen Kaste praktizieren, dann wird das zu einem Weg, legale Nachkommen zu erhalten sowie einen guten Ruf zu erlangen. Es widerspricht auch nicht den Bräuchen in der Welt. Im Gegenteil, die Ausübung des *Kama* mit Frauen höherer Kasten und mit Frauen, die zuvor bereits mit anderen verkehrten, selbst wenn sie derselben Kaste angehören, ist verboten. Doch *Kama* mit Frauen von niederen Kasten, mit denen, die von ihrer eigenen Kaste verstoßen wurden, und mit zweimal verheirateten Frauen, wird weder empfohlen noch untersagt. Das Ziel, mit solchen Frauen *Kama* zu praktizieren, ist nur Vergnügen. Deshalb gibt es drei Arten von Nayikas, nämlich Mägde, zum zweitenmal Verheiratete sowie öffentliche Frauen.

Gonikaputra vertritt die Meinung, daß es noch einen vierten Typ von Nayika gibt: eine Frau, derer man sich bei besonderen Gelegenheiten bedient, auch wenn sie früher mit einem anderen Mann verheiratet war. Eine solche liegt vor, wenn ein Mann folgende Überlegungen anstellt:

a) Diese Frau ist eigenwillig, und ihrer haben sich außer mir schone viele andere erfreut. Ich kann sie deshalb wie eine öffentliche Frau behandeln, obwohl sie einer höheren Kaste als der meinen angehört.

b) Dies ist eine Frau, die zum zweitenmal verheiratet ist, und mit ihr vergnügten sich vor mir bereits andere. Deshalb gibt es keine Einwände, wenn ich mich ihr widme.

c) Diese Frau hat das Herz ihres großen und mächtigen Gatten erobert und hält ihn in der Hand. Er ist ein Freund meines Feindes. Wenn ich eine Beziehung mit ihr eingehe, wird sie es fügen, daß ihr Gatte sich von meinem Feind trennt.

d) Diese Frau wird den Sinn ihres Gatten, der sehr einflußreich ist, zu meinen Gunsten wandeln. Gegenwärtig mag er mich nicht und beabsichtigt, mir Schaden zuzufügen.

e) Indem ich mit dieser Frau liiert bin, werde ich ihren Gatten töten und so dessen immense Reichtümer übernehmen, nach denen ich trachte.

f) Indem ich diese Frau zur Freundin gewinne, kann ich den Reichtum eines Freundes erwerben, den Ruin eines Feindes bewirken oder eine andere Schwierigkeit überwinden.

g) Die Verbindung mit dieser Frau birgt keinerlei Gefahr. Sie wird mir Reichtum bringen, dessen ich angesichts meiner ärmlichen Verhältnisse und der Unfähigkeit, mich selbst zu versorgen, so sehr bedarf. Deshalb werde ich an ihr enormes Vermö-gen auf diesem Wege ohne Schwierigkeiten herankommen.

h) Diese Frau liebt mich innig und kennt alle meine Schwachpunkte. Wenn ich deshalb nicht gewillt bin, mit ihr in Beziehung zu treten, dann wird sie meine Fehler öffentlich machen und so meinem Charakter und Ruf schaden. Oder sie erhebt einige schwere Klagen gegen mich, auf die ich kaum etwas erwidern kann, und deshalb ruiniert werden könnte. Oder sie will ihren Gatten, der mächtig ist und dennoch unter ihrer Kontrolle, von mir abkoppeln und will ihn mit meinem Feind verkuppeln.

i) Der Gatte dieser Frau hat die Keuschheit meiner Frauen verletzt. Deshalb werde ich ihm die Beleidigung mit gleicher Münze heimzahlen, indem ich seine Frauen verführe.

j) Mit der Hilfe dieser Frau werde ich einen Feind des Königs töten, der bei ihr Unterschlupf gefunden hat. Der König hat mir befohlen, ihn auszuschalten.

k) Die Frau, die ich liebe, ist unter Kontrolle jener Frau. Ich werde die erste mit Hilfe der zweiten bekommen.

l) Die Frau wird mich zu einer Jungfrau bringen, die reich und schön, aber gleichzeitig nur schwer zu bekommen ist. Außerdem steht sie unter der Kontrolle eines anderen.

m) Mein Feind ist ein Freund vom Gatten dieser Frau. Ich werde deshalb veranlassen, daß sie sich mit ihm einläßt. So schaffe ich Feindschaft zwischen ihrem Gatten und ihm.

Aus diesen und ähnlichen Gründen darf man sich an Ehefrauen anderer Männer heranmachen. Doch dabei muß völlig klar sein, daß dies nur aus besonderen Gründen erlaubt ist und nicht aus bloßer Fleischeslust.

Die folgenden Frauen sind tabu: eine Lepra-

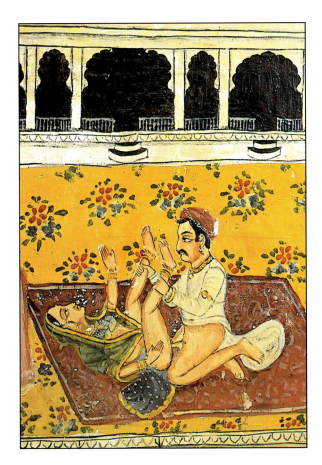 

Oben: In dem mit Blumen dekorierten und von Parfüm duftendem Raum, in dem man sich vergnügt...könnten sie suggestiv über Dinge reden, die als unanständig gelten und im allgemeinen nicht in Gesellschaft erwähnt werden.

Seite gegenüber: Wenn ein Mann sich bemüht, eine Frau zu verführen, dann sollte er nicht versuchen, zur gleichen Zeit noch eine andere zu verführen. Doch wenn er bei der ersten Erfolg hatte und sich ihrer für eine beträchtliche Zeit erfreute, so kann er sich ihre Zuneigung erhalten durch Geschenke, die ihr gefallen, und dann beginnen, sich der anderen Frau zuzuwenden.

kranke; eine Geistesgestörte; eine aus ihrer Kaste Verstoßene; eine Frau, welche Geheimnisse ausplaudert; eine Frau, die öffentlich ihren Wunsch nach sexuellem Verkehr bekundet; eine Frau, die extrem weiß ist; eine extrem schwarze Frau; eine übelriechende Frau; eine nahe Verwandte; eine Frau, die eine gute Freundin ist; eine Asketin; und schließlich die Gattin eines Verwandten, eines Freundes, eines weisen Brahmanen und des Königs.

Babhravyas Anhänger sagen, daß jede Frau, die mit fünf Männern verkehrte, eine geeignete Person zum Vergnügen ist. Aber Gonikaputra vertritt die Meinung, daß selbst in solchem Fall die Ehefrauen eines Verwandten, eines weisen Brahmanen und eines Königs davon ausgenommen sein müssen.

Als Freunde betrachtet man: einen mit dem du in der Kindheit gespielt hast; einen, mit dem du durch eine Verpflichtung verbunden bist; einer in derselben Verfassung wie du, und der auch die gleichen Dinge mag wie du; ein Studienkollege; der deine Geheimnisse und Fehler kennt, und dessen Fehler und Geheimnisse dir bekannt sind; einer, der das Kind deiner Amme ist; der mit dir aufgewachsen ist; der ein langjähriger Freund ist.

Diese Freunde sollten die folgenden Eigenschaften besitzen:

Sie sollten die Wahrheit sagen. Sie sollten die Fahne nicht nach dem Winde hängen. Sie sollten standhaft sein. Sie sollten frei sein von Habsucht. Sie sollten sich nicht von anderen auf deren Seite ziehen lassen. Sie sollten deine Geheimnisse nicht ausplaudern.

III

Vom Prüfen des Gemüts einer Frau

Wenn ein Mann bemüht ist, eine Frau für sich zu gewinnen, sollte er erst prüfen, was sie denkt und fühlt. Wenn sie ihm zuhört, aber ihm in keiner Weise ihre eigenen Absichten andeutet, sollte er versuchen, einen Vermittler einzuschalten. Wenn sie nach dem ersten Treff besser gekleidet zum Rendezvous kommt und ihm an einen einsamen Ort folgt, dann kann er gewiß sein, daß er sie mit ein bißchen Druck rumkriegt. Eine Frau, die einem Mann den Kopf verdreht, sich ihm aber selbst nach langer Zeit nicht hingibt, sollte als Tändlerin in der Liebe betrachtet werden. Doch angesichts der Unbeständigkeit des menschlichen Wesens kann auch eine solche Frau erobert werden, wenn man lange genug an einer engen Bekanntschaft festhält.

Wenn eine Frau die Aufmerksamkeit eines Mannes nicht erwidert und aus Respekt vor ihm und aus Eigenstolz ihn nicht treffen oder sich ihm nicht nähern will, kann sie nur unter Schwierigkeiten erobert werden - entweder indem er sich um ein vertrautes Verhältnis bemüht oder mit Hilfe eines außerordentlich geschickten Vermittlers. Macht ein Mann eine Frau an und läßt sie ihn mit harschen Worten abfahren, kann er sie nur mit Geduld und wiederholten Anläufen erobern, etwa folgendermaßen:

Wenn sie in seiner Anwesenheit einschlummert, legt er seinen linken Arm um sie. Er wird, wenn sie erwacht, spüren ob sie ihn in Wirklichkeit zurückstößt oder ihn nur auf solche Art abweist, als ob sie wünscht, er möge diese Zärtlichkeit wiederholen. Und was er mit dem Arm macht, das kann er auch mit dem Fuß tun. Hat er in diesem Punkt Erfolg verbucht, umfaßt er sie nun etwas enger. Wenn sie das nicht mag und aufsteht, sich am nächsten Tag jedoch wie gewöhnlich verhält, dann darf er davon ausgehen, daß sie nicht unwillig ist, sich mit ihm zu vergnügen.

Kommt sie allerdings nicht wieder, muß sich der Mann eines Vermittlers bedienen. Trägt das Früchte und sie erscheint nach längerer Zeit wieder, darf der Mann schlußfolgern, daß sie es nicht ablehnen würde, mit ihm anzubändeln. Wenn eine Frau dem Mann eine Chance bietet und ihre Liebe zu ihm bekundet, muß er darauf zusteuern, sich ihrer zu erfreuen.

Wenn eine Frau den Mann weder ermutigt noch ihn meidet, sich aber an einem abgelegenen Platz versteckt, dann muß der Mann mit Hilfe einer Dienerin, die sie gut kennt, ihrer habhaft werden. Bleibt sie, wo sie ist, nachdem der Mann nach ihr rufen ließ, sollte sie durch Einschaltung eines geschickten Vermittlers überzeugt werden. Läßt sie dem Mann dann immer noch nichts ausrichten, muß er gründlich über sie nachdenken, ehe er neue Versuche beginnt.

So endet das Prüfen, wie eine Frau denkt und sich verhält.

Ein Mann soll zuerst einer Frau vorgestellt werden und dann eine Unterhaltung mit ihr anfangen. Er darf ihr versteckt seine Liebe andeuten, und wenn er aus ihren Erwiderungen abliest, daß sie seine Hinweise günstig aufnimmt, dann muß er sich ohne Furcht ans Werk machen, sie für sich zu gewinnen. Eine Frau, die ihre Liebe dem Mann gegenüber schon beim ersten Gespräch erkennen läßt, kann sehr einfach erobert werden. Ebenso kann man damit rechnen, daß eine lüsterne Frau, die man auf liebenswürdige Art anspricht und die darauf ihre Liebe offen wörtlich ausdrückt, sich im Handumdrehen verführen läßt. Es trifft auf alle Frauen zu, ob klug, schlicht oder vertraulich, daß jene, die ihre Liebe offen zeigen, einfach zu gewinnen sind.

Eine junge Frau gibt, wie nachfolgend beschrieben, ihre Liebe stets durch äußere Zeichen und Handlungen zu erkennen: Sie schaut dem Mann niemals ins Gesicht. Sie reagiert schüchtern, wenn er sie betrachtet. Sie sieht ihn heimlich von der Seite an. Sie senkt den Kopf, wenn er sie etwas fragt, und sie antwortet unzusammenhängend und in unvollendeten Sätzen. Sie mag es, lange in seiner Begleitung zu sein. Sie spricht zu ihrem Personal in besonderem Ton und hofft seine Aufmerksamkeit zu erringen, wenn sie etwas von ihm entfernt steht. Sie sucht diesen oder jenen Vorwand, ihm Geschichten so ausführlich zu erzählen, daß sie damit die Unterhaltung in die Länge ziehen kann.

In seiner Anwesenheit küßt und umarmt sie ein Kind auf ihrem Schoß. Sie malt Ornamente auf die Stirn ihrer Dienerinnen. Sie führt sportliche und ästhetische Bewegungen aus, wenn ihr Personal in Anwesenheit des Liebsten mit ihr scherzt. Sie hat Vertrauen zu den Freunden des Liebhabers, achtet sie und gehorcht ihnen. Sie zeigt sich seinen Dienern gegenüber freundlich, spricht mit ihnen und weist sie zu Arbeiten an, als wäre sie die Hausfrau. Und sie hört aufmerksam zu, wenn sie Geschichten über ihren Liebhaber oder irgend jemand anders erzählen. Sie betritt sein Haus, wenn sie dazu von der Tochter ihrer Amme ermutigt wird und bringt es fertig, mit deren Assistenz mit ihm zu plaudern und zu spielen. Sie vermeidet es, ihrem Liebsten zu begegnen, wenn sie nicht ordentlich gekleidet und geschmückt ist. Eine Freundin beauftragt sie, ihm einen Ohrring, eine Blumengirlande von ihr zu überbringen, um die er gebeten haben könnte. Sie trägt immer etwas, das er ihr vielleicht geschenkt hat. Sie wird betrübt, wenn ihre Eltern einen anderen Bräutigam erwähnen, und natürlich trifft sie sich nicht mit dessen Leuten.

Auch dazu gibt es wieder einige Merksätze: "Ein Mann, der die Gefühle eines Mädchens für ihn erkannt und verstanden hat, und der die Anzeichen und Handlungen zur Kenntnis genommen hat, in denen sich jene Gefühle äußern, der sollte alles in seiner Macht Stehende veranlassen, eine Verbindung mit dem Mädchen einzugehen. Er sollte ein Mädchen für sich gewinnen durch kindliche Spiele, eine reifere Jungfrau durch seine Fertigkeiten in den Künsten und ein Mädchen, das ihn liebt, indem er andere Personen einspannt, denen es vertraut."

IV

Wie man eine Frau für sich gewinnt

Die alten Autoren äußern die Ansicht, daß Mädchen nicht so einfach verführt werden, wenn man eine Botin einschaltet; besser seien die direkten Bemühungen des Mannes. Hingegen kommt man an die Ehefrauen anderer besser mit der Hilfe von Botinnen heran als durch eigene Anstrengungen. Doch Vatsyayana hält fest, daß - wenn immer möglich - ein Mann in diesen Angelegenheiten selbst handeln sollte. Und nur, wenn das unpraktisch oder unmöglich ist, setzt man eine Botin ein. Was die Behauptung betrifft, daß Frauen, die offen und frei sprechen und handeln, durch persönliches Bemühen des Mannes zu erobern seien, während Frauen ohne diese Eigenschaften eher durch Botinnen überzeugt werden könnten, so ist das eben nichts weiter als nur Gerede.

Wenn ein Mann in dieser Sache selbst handelt,

Oben: Er sollte sie mit Wasser bespritzen, das ihm zum Mundspülen gebracht wurde. Und wenn er mit ihr allein ist - an einem einsamen Ort oder bei Dunkelheit -, dann kann er ihr seine Liebe zeigen, von seinem wahren Gemütszustand reden...die Liebe eines Mannes zu einem Mädchen kann noch so groß sein, er wird niemals Erfolg bei ihm haben, ohne eine Menge zu reden.

Seite gegenüber: Der Geschlechtsakt zwischen zwei Personen, die sich mögen, und den sie nach ihrem eigenen Geschmack ausführen, der heißt „spontane Vereinigung".

dann sollte er vor allem und zuerst auf die folgende Weise Bekanntschaft mit der Frau, die er liebt, schließen:

Erstens arrangiert es der Mann so, daß er dieser Frau bei einer natürlichen oder einer besonderen Gelegenheit begegnet. Eine natürliche Gelegenheit kann ein Treffen im Hause eines Freundes, eines Angehörigen der gleichen Kaste, eines Ministers oder eines Arztes sein, aber ebenso eine Hochzeit, eine Opferzeremonie, sowie auch Festivals, Gartenfeste oder Bestattungen.

Zweitens macht sich der Mann bei der Begegnung vorsichtig bemerkbar, und zwar derart, daß seine Absichten nicht verborgen bleiben. Er sollte seinen Bart zwirbeln, mit den Fingern knacken, seinen Schmuck klimpern lassen, sich auf die Unterlippe beißen und andere Zeichen dieser Art machen. Schaut sie zu ihm herüber, so spricht er mit Freunden und anderen Frauen über sie. Dabei gibt er ihr seine Weitherzigkeit und seine Freude am Vergnügen zu erkennen. Sitzt er an der Seite einer guten Freundin, sollte er gähnen, sich rekeln und ihr nur lustlos zuhören. Eine Konversation mit Hintersinn könnte er mit einem Kind oder einer anderen Person führen. Das Gespräch bezieht sich angeblich auf eine dritte Person, doch tatsächlich ist die Frau gemeint, die er liebt. Auf diese Art kann seine Liebe unter dem Vorwand gezeigt werden, das sich seine Konversation auf andere und nicht auf sie bezieht. Er sollte Zeichen setzen, die Bezug zu ihr haben, beispielsweise mit seinen Nägeln oder einem Stock etwas in den Boden kratzen. Das alles muß zur rechten Zeit und am rechten Ort geschehen.

Drittens spielt der Mann mit einem Kind auf ihrem Schoß. Er gibt ihm etwas in die Hand und nimmt es ihm wieder weg. Dann könnte er mit ihr eine Unterhaltung über das Kind beginnen. Allmählich lernen sie sich so kennen, und er führt sich bei ihren Verwandten auf angenehme Art ein. Später kann diese Bekanntschaft zum Vorwand genommen werden, sie häufig in ihrem Haus zu besuchen. Bei diesen Gelegenheiten sollte er in ihrer Abwesenheit über das Thema Liebe reden. Allerdings sollte sie sich dabei in Hörweite befinden. Mit wachsender Intimität kann er ihr nun etwas zum Aufbewahren geben und sich von Zeit zu Zeit davon etwas bei ihr abholen. Er mag ihr einige Duftstoffe oder Betelnüsse zum Aufbewahren geben. Danach bemüht er sich, sie

mit seiner Ehefrau bekannt zu machen, beide zu vertraulichen Gesprächen zu veranlassen und gemeinsam an einsamen Orten zu verweilen. Um sie häufig zu sehen, arrangiert er, daß die beiden Familien denselben Goldschmied, denselben Korbmacher, denselben Färber und denselben Wäschemann haben. Ganz offen sollte er ihr unter einem Vorwand lange Besuche abstatten und an ihren Geschäften beteiligt sein. So führt ein Geschäft zum nächsten, um die Zweisamkeit zu intensivieren. Sobald sie etwas wünscht, wenn sie Geld braucht oder eine Ausbildung in einer der Künste, soll er sie wissen lassen, daß er willig und fähig ist, alles für sie zu tun, ihr Geld zu geben, sie in einer der Künste zu unterrichten. Das alles liege in seiner Macht und Fähigkeit. Er darf mit ihr in Gesellschaft anderer Leute diskutieren, über Tun und Lassen anderer Personen reden, verschiedene Gegenstände, wie Edelsteine oder Schmuck, prüfen. Bei solchen Gelegenheiten zeigt er ihr gewisse Dinge mit Wert. Kommt es darüber zu Meinungsverschiedenheiten, so gibt er nach, widerspricht nicht, sondern versichert, daß er ihr in jeder Beziehung zustimmt.

So enden die Möglichkeiten, die Bekanntschaft mit einer begehrten Frau zu arrangieren. Nun, nachdem ein Mädchen mit einem Mann - wie oben beschrieben - bekannt geworden ist und die Liebe zu ihm mittels verschiedener äußerer Zeichen und Körperhaltungen zu erkennen gegeben hat, muß der Mann jede Anstrengung unternehmen, es zu erobern. Da Mädchen aber mit der sexuellen Vereinigung nicht vertraut sind, müssen sie mit der größten Vorsicht behandelt werden. Der Mann muß mit beträchtlicher Behutsamkeit vorgehen, auch wenn das bei Frauen, die an Geschlechtsverkehr gewöhnt sind, nicht nötig ist. Wenn die Absichten des Mädchens bekannt sind und es seine Schüchternheit überwunden hat, sollte der Mann sein Geld ins Spiel bringen, um Kleidung, Ringe und Blumen zu kaufen. Dabei muß er besonders darauf achten, daß seine Geschenke hübsch und wertvoll sind. Hingegen sollte er von dem Mädchen eine Mischung aus Betelnüssen und Betelblättern bekommen. Und auf einer Gesellschaft sollte er um die Blume im Haar oder in der Hand des Mädchens bitten. Blumen, die er ihm schenkt, duften süßlich und sind mit Zeichen seiner Nägel oder Zähne markiert. Mit zunehmender Beharrlichkeit zerstreut er die Ängste des Mädchens und bringt es allmählich dazu, mit ihm an einsame Orte zu gehen. Dort umarmt er es und küßt es. Und wenn dann die Zeit kommt, ihm einige Betelnüsse zu reichen bzw. einige von ihm gereicht zu bekommen, oder beim Austausch von Blumen, berührt und drückt er die intimen Körperpartien des Mädchens und bringt somit seine Bemühungen zu einem befriedigenden Abschluß.

Bemüht sich ein Mann, eine Frau zu verführen, dann sollte er nicht versuchen, zur gleichen Zeit eine andere Frau zu verführen. Wenn er bei der ersten Erfolg hatte, kann er sich ihre Zuneigung bewahren, indem er ihr Geschenke macht, die ihr gefallen, und sich dann der anderen Frau zuwenden. Wenn ein Mann den Gatten einer Frau zu einem Platz in der Nähe seines Hauses gehen sieht, sollte er sich mit dieser Frau nicht einlassen, selbst wenn sie zu dieser Zeit ganz problemlos zu gewinnen ist. Ein kluger Mann, der auf seinen Ruf hält, denkt nicht an das Verführen einer Frau, die furchtsam und zaghaft ist, der man nicht trauen kann, die gut behütet ist oder Schwiegervater und Schwiegermutter besitzt.

V

Von der Kunst des Verführens

Wenn ein Mädchen beginnt, seine Liebe durch äußere Zeichen und Bewegungen zu zeigen, muß der Liebhaber versuchen, es mit verschiedenen Mitteln und Methoden vollständig für sich zu gewinnen. Beim Sport und Spiel sollte er absichtlich die Hand des Mädchens halten. Er kann alle Arten der Umarmungen, wie die berührende Umarmung und andere bereits in den vorigen Kapiteln beschriebene, versuchen. Beim Schwimmen taucht er in einiger Entfernung von ihm und kommt ganz dicht bei dem Mädchen wieder empor. Er weist es mit Begeisterung auf das frische Grün der Bäume und andere sprießende Zeichen der Natur hin. Er beschreibt ihm den Schmerz, den er wegen seiner Liebe erleidet. Er berichtet von dem wundervollen Traum, den er hatte und in dem andere Frauen auftauchten. Bei Geselligkeiten und Versammlungen seiner Kaste setzt er sich ganz in die Nähe des Mädchens und nutzt diesen Vorwand zum körperlichen Kontakt. Wenn er seinen Fuß auf den des Mädchens setzt, berührt er ganz vorsichtig erst dessen Zehen und drückt die Nagelspitzen. Hat er damit Erfolg, nimmt er den Fuß in seine Hand und wiederholt dasselbe. Bei anderer Gelegenheit klemmt er einen Finger von der Hand des Mädchens zwischen seine Zehen, wenn es dabei ist, seine Füße zu waschen. Wann immer er dem Mädchen etwas gibt oder etwas von ihm nimmt, beweist er durch sein Verhalten, wie sehr er es liebt.

Ghotakamukha sagt: Ein Mann mag ein Mädchen noch so sehr lieben, er hat dennoch keinen Erfolg, es für sich zu gewinnen, wenn er nicht eine Menge erzählt." Am Ende, wenn der Mann das Mädchen als vollständig erobert betrachtet, mag er beginnen, sich ihm intim zu nähern. Was die Ansicht betrifft, daß Frauen abends und im Dunkeln gewöhnlich weniger zurückhaltend sind und sich den Männern nicht widersetzen und man deshalb zu dieser Zeit Spaß mit ihnen haben sollte, das ist nichts weiter als Gerede.

Ist es dem Mann unmöglich, seine Bemühungen allein fortzusetzen, dann kann er die Tochter der Amme der jungen Frau oder eine Freundin einspannen, der sie vertraut, damit sie zu ihm geleitet wird, ohne daß sie seine Absichten durchschaut. Er sollte dann wie oben beschrieben vorgehen. Er könnte am Anfang auch sein Dienstmädchen zu der jungen Frau schicken, damit sich beide anfreunden, und noch andere Mittel einsetzen, um sie zu erobern.

Schließlich, wenn er ihre Gefühle durch ihr äußeres Verhalten und Benehmen ihm gegenüber bei religiösen Zeremonien, Hochzeitsfeiern, Messen, Festen, Theateraufführungen, öffentlichen Versammlungen und bei anderen Anlässen erkannt hat, sollte er beginnen, sich ihrer zu erfreuen, wenn sie allein sind. Denn Vatsyayana hält fest, daß Frauen, man sie zur richtigen Zeit und am rechten Ort bedrängt, sich nicht von ihren Liebhabern abwenden.

Wenn ein ordentlich erzogenes Mädchen mit guten Eigenschaften, obwohl in einfacher Familie

...die Männer entledigen sich ihres Verlangens einfach, während Frauen von ihrer Art des Verlangens her ein gewisses Vergnügen empfinden, welches ihnen Befriedigung verschafft, doch ist es ihnen unmöglich, die Art ihres Vergnügens zu beschreiben.

Ein kluger Mann, der die Methoden, die Ehefrauen anderer Männer für sich einzunehmen, aus den *Shastras* kennt, wird immer merken, wenn ihn seine eigenen Frauen betrügen. Allerdings darf niemand diese Methoden einsetzen, um die Ehefrauen anderer zu verführen...

geboren, oder nicht vermögend und deshalb von ihresgleichen nicht begehrt, oder ein Waisenmädchen oder von den Eltern verlassen, dennoch die Regeln der Familie und der Kaste beachtend, wenn ein solches Mädchen bei entsprechendem Alter in den Stand der Ehe treten möchte, dann muß es versuchen, einen starken und hübschen jungen Mann für sich einzunehmen, oder eine Person, von der es glaubt, sie wäre wegen Gedankenschwäche und auch ohne Zustimmung der Eltern bereit, es zu heiraten. Es sollte zu solchen Mitteln greifen, die es bei besagter Person liebenswert machen. Es sollte den begehrten Mann häufig sehen und besuchen. Die Mutter des Mädchens sollte ebenfalls für häufige Begegnungen der beiden sorgen und eventuell eine Freundin und die Tochter der Amme einschalten. Das Mädchen sollte versuchen, sich mit dem Geliebten heimlich an einem einsamen Ort zu treffen.

Doch die alten Autoren meinen, selbst wenn ein Mädchen den Mann noch so sehr liebt, darf es sich nicht anbieten und die ersten Anspielungen machen, denn ein Mädchen verliert damit seine Würde und läuft Gefahr, verachtet und abgewiesen zu werden. Zeigt der Mann aber den Wunsch, sich des Mädchens zu erfreuen, darf es sich ihm gegenüber freundlich und offen verhalten und keinen Wandel in ihrem Betragen erkennen lassen, wenn er es umarmt, und alle Bekundungen seiner Liebe entgegennehmen.

Aber wenn er versucht, das Mädchen zu küssen, dann sollte es sich widersetzen. Bittet er um die Erlaubnis, mit ihm Geschlechtsverkehr zu haben, darf das Mädchen nach beträchtlichem Widerstand und Zögern nur erlauben, daß er die Intimstellen berührt. So von ihm bedrängt, darf es sich ihm nicht hingeben, als ob es der eigene Wunsch wäre, sondern es muß sich seinem Drängen, es sich zu nehmen, widersetzen. Nur wenn das Mädchen Gewißheit hat, daß er es

wirklich liebt und daß der Liebhaber es wirklich anbetet und seinen Sinn nicht ändern wird, nur dann sollte es sich ihm hingeben und ihn von einer schnellen Hochzeit überzeugen. Nachdem das Mädchen seine Jungfernschaft verloren hat, muß es guten Freundinnen davon erzählen.

Die Merksätze zum Thema lauten folgendermaßen: „Ein sehr begehrtes Mädchen sollte den Mann heiraten, den es mag und von dem es glaubt, er würde ihr folgen und in der Lage sein, ihr Vergnügen zu bereiten. Doch wird das Mädchen von seinen Eltern aus dem Streben nach Reichtum an einen reichen Mann verheiratet, ohne den Charakter oder das Aussehen des Bräutigams in Betracht zu ziehen, oder wenn es einem Mann gegeben wird, der mehrere Frauen hat, so wird es sich niemals zu diesem Mann hingezogen fühlen, selbst wenn er über gute Eigenschaften verfügt, ihren Wünschen nachgibt, aktiv, stark und gesund ist und sich auf jede Art bemüht, dem Mädchen zu gefallen. Ein Gatte, der folgsam und dennoch sein eigener Herr ist, mag er auch arm sein und nicht gut aussehen, ist besser als einer, der hübsch und attraktiv ist, aber zu vielen Frauen Beziehungen unterhält. Die Ehefrauen von reichen Männern, wenn es deren viele gibt, sind im allgemeinen ihren Gatten gegenüber nicht sehr verbunden, nicht sehr vertraulich, und sie nehmen Zuflucht zu anderen Männern, auch wenn sie alle äußeren Freuden des Lebens genießen können. Ein Mann von niederer Gesinnung verdient nicht, verheiratet zu sein; ebenso trifft das auf einen Mann zu, der viele Frauen und Kinder hat, Sport und Spiel verfallen ist und nur zu seiner Frau kommt, wenn es ihm beliebt. Von allen Liebhabern eines Mädchens eignet sich nur jener zum wahren Gatten, der die Eigenschaften besitzt, die das Mädchen mag. Und nur ein solcher Gatte erfreut sich wirklicher Überlegenheit über das Mädchen, weil er der Gatte aus Liebe ist."

VI

Von anderen Formen der Heirat

Kann ein Mädchen einen Liebhaber nicht regelmäßig treffen, dann soll es die Tochter der Amme zu ihm schicken, vorausgesetzt, daß die das Vertrauen des Mädchens besitzt, zuvor

eingeweiht und für das Unterfangen gewonnen worden ist. Die Tochter der Amme sollte beim Treff mit dem Mann im Verlauf der Unterhaltung die noble Herkunft, die gute Gemütsart, die

Schönheit, die Fertigkeiten, die Kenntnisse über das menschliche Wesen und die Zuneigung des Mädchens derart beschreiben, daß er nicht auf die Idee kommt, sie sei von dem Mädchen geschickt worden, um sein Interesse an diesem zu wecken. Dem Mädchen erzählt sie wiederum von den exzellenten Eigenschaften und Fertigkeiten des Mannes und besonders von jenen, die dem Mädchen gefallen. Besteht zwischen den beiden Personen schließlich Übereinstimmung und benimmt sich das Mädchen in der Öffentlichkeit, als wäre es seine Gattin, so sollte er verlangen, daß Feuer aus dem Hause eines Brahmanen gebracht, Kusha-Gras auf den Boden gestreut und dem Feuer ein Opfer gebracht wird, und dann sollte er das Mädchen gemäß den religiösen Vorschriften heiraten. Danach sollte er seine Eltern und Schwiegereltern informieren, denn die alten Autoren vertreten die Meinung, daß eine am heiligen Feuer geschlossene Heirat nicht mehr rückgängig gemacht werden kann.

Nach Vollzug der Hochzeit sind die Verwandten des Mannes allmählich von der Angelegenheit in Kenntnis zu setzen und auch die Angehörigen des Mädchens sollten auf solche Weise informiert werden, daß sie ihre Einwilligung zur Heirat geben und die Art verzeihen, in der sie vollzogen wurde. Und nachdem das erreicht ist, versöhnt man sie mit Geschenken und aufmerksamer Zuwendung. So vermählt sich der Mann entsprechend der Gandharva-Form der Heirat.

Vermag sich das Mädchen nicht zu entscheiden oder will es seine Bereitschaft zur Ehe nicht bekunden, dann bleiben dem Mann folgende Wege, dennoch zum Ziel zu kommen:

1) Bei passender Gelegenheit und unter einem Vorwand läßt er das Mädchen mittels einer Freundin, die er gut kennt und der er vertraut, und die auch der Familie des Mädchens bestens bekannt ist, in sein Haus bringen, vom Brahmanen Feuer holen und unternimmt dann die zuvor beschriebenen Schritte.

2) Naht die Hochzeit des Mädchens mit einem anderen Mann, beginnt der Mann, den Bräutigam zu verunglimpfen, so daß Mutter und Tochter zu zweifeln beginnen. Willigt die Mutter ein, das Mädchen in ein Nachbarhaus zu bringen, läßt der Mann Feuer vom Haus des Brahmanen holen und verfährt wie zuvor beschrieben.

3) Der Mann ist bestrebt, ein enger Freund des Bruders des Mädchens zu werden. Günstig wäre, wenn besagter Bruder von Kurtisanen abhängig und in Intrigen mit Frauen anderer Männern verstrickt ist. Der Mann gewährt ihm Unterstützung bei seinen Unternehmungen, und gelegentlich gibt er auch Geld. Bei passender Gelegenheit sollte er dem Bruder seine große Liebe zu dessen Schwester beichten und künftig Assistenz von ihm erwarten. Mit Einverständnis und Hilfe des Bruders läßt er das Mädchen an einen sicheren Platz bringen, Feuer vom Hause des Brahmanen holen und verfährt wiederum so wie eingangs dargelegt.

4) Bei einem Fest könnte der Mann die Tochter der Amme veranlassen, dem Mädchen ein Schlafmittel zu geben, und es dann an einen sicheren Ort bringen. Und nachdem er, noch bevor das Mädchen aus der Betäubung erwacht, sich seiner erfreut hat, schickt er jemanden zum Hause des Brahmanen, um das Feuer zu holen. Er fährt dann fort wie beschrieben.

5) Der Mann könnte mit Einwilligung der Tochter der Amme, das schlafende Mädchen in sein Haus tragen. Und nachdem er, ehe es erwacht, sich ihrer erfreut hat, sollte er das Feuer aus dem Hause des Brahmanen holen lassen und fortfahren wie beschrieben.

Die Merksätze lauten: „Bei allen Formen der Heirat, die in diesem Kapitel des Werkes dargelegt wurden, ist die vorhergehende immer besser als die folgende Form, da sie eher im Einklang steht mit den Geboten der Religion. Deshalb praktiziert man die folgende nur, wenn die erste unmöglich durchgeführt werden kann."

VII

Von den Damen des königlichen Harems und der Sorge um die eigene Frau

Die Frauen des königlichen Harems können keine Männer sehen oder treffen, da sie strikt bewacht werden. Ihr Verlangen wird nicht befriedigt, da ihr einziger Gatte viele Frauen zu bedienen hat. Aus diesem Grunde vergnügen sie sich untereinander auf verschiedene Art und

Oben: Die Damen des königlichen Harems können keine Männer sehen oder treffen, da sie streng bewacht werden. Ihr Verlangen wird nicht befriedigt, da ihr einziger Gatte viele Frauen zu bedienen hat. Aus diesem Grunde vergnügen sie sich untereinander auf verschiedene Art und Weise...

Seite gegenüber: ...bei Spiel und Sport hält er absichtlich ihre Hand. Er übt mit ihr die verschiedenen Formen des Umarmens, beispielsweise die berührende Umarmung...und er beschreibt ihr die Liebesqualen, die er wegen ihr erduldet.

Weise, wie es nun beschrieben werden wird. Nachdem sie die Töchter ihrer Ammen, ihre Freundinnen oder Dienerinnen wie Männer gekleidet haben, verschaffen sie sich Befriedigung mit Knollen, Wurzeln und Früchten, die die Form eines Gliedes haben. Oder sie legen sich auf Statuen männlicher Personen, deren Lingam sichtlich aufgerichtet ist.

Einige Könige, nehmen gewisse Arzneien zu sich, damit sie in einer Nacht viele Frauen beglücken können, einfach um deren Verlangen zu stillen. Andere kommen nur zu den Frauen, die sie besonders mögen. Und wieder andere nehmen sie sich streng der Reihe nach. Zu den Mitteln der Befriedigung der Frauen im Harem gehören aber auch Männer. Mit Hilfe ihrer Dienerinnen schaffen es die Haremsdamen auch, als Frauen verkleidete Männer in ihre Gemächer zu schleusen. Die Dienerinnen und die Töchter der Ammen, die in die Geheimnisse eingeweiht sind, bemühen sich, die Männer in den Harem zu bringen, indem sie ihnen von der Belohnung erzählen, die sie erwartet. Doch niemals dürfen sie einen Mann mit falschen Versprechungen in den Harem locken, denn das würde wahrscheinlich mit seinem Tode enden.

Wenn ein Mann trotzdem in den Harem will, muß er sich zuerst versichern, ob es einen schnellen Fluchtweg gibt, ob der Lustgarten dicht am Harem liegt, ob er separate Gemächer hat, ob die Wächter wegschauen, ob der König sich im Ausland aufhält. Und wenn er dann von den Haremsdamen gerufen wird, muß er sorgfältig ihren Anweisungen folgen und exakt den Weg nehmen, den sie empfohlen haben. Wenn er das alles bewältigt, dann sollte er tagtäglich in der Nähe des Harems auftauchen, unter diesem oder jenem Vorwand sich mit den Wächtern anfreunden, sich dem weiblichen Dienstpersonal, dem seine Absichten nicht verborgen geblieben sein dürften, zugeneigt zeigen. Er könnte diesem Personal auch sein Bedauern ausdrücken, nicht ans Ziel seiner Wünsche zu kommen. Schließlich veranlaßt er, daß Frauen, die Zugang zum Harem haben, einen Vermittler einschalten.

Kann ein Vermittler keinen Kontakt zum Harem herstellen, muß der Mann sich an einer Stelle postieren, wo ihn die Dame, die er liebt und die er zu gern beglücken möchte, gut sieht. Wenn dieser Platz von Wächtern des Königs besetzt ist, sollte er sich als Dienerin der Dame verkleiden.

Erblickt sie ihn, so offenbart er seine Gefühle durch Zeichen und Gesten, zeigt Bilder und zweideutige Gegenstände, Blumenkränze und Ringe. Aufmerksam registriert er die Erwiderungen der Dame und versucht dann, in den Harem zu gelangen. Ist er sicher, daß sie zu einem Treffpunkt kommen wird, versteckt er sich vorher dort, und zur verabredeten Zeit kommt er mit ihr wie einer ihrer Haremswächter daher.

Das Betreten und Verlassen des Harems ist im allgemeinen jungen Männern dann möglich, wenn Waren angeliefert werden oder etwas aus dem Palast geschafft wird, wenn Trinkgelage stattfinden, wenn die Dienerinnen in Eile sind, wenn einige der königlichen Damen umziehen, wenn die Frauen des Königs in den Garten oder zu Jahrmärkten gehen, und wenn der König auf einer langen Pilgerreise ist. Die Damen des königlichen Harems kennen die Geheimnisse voneinander, und da sie ein Ziel verfolgen, geben sie sich gegenseitige Unterstützung.

Aus diesen Gründen muß ein Mann seine Ehefrau bewachen. Alte Autoren meinen, ein König sollte als Haremswächter solche Personen auswählen, die erwiesenermaßen frei von Fleischeslust sind. Doch solche Männer, obwohl selbst frei von Fleischeslust, mögen aus Furcht oder aus Habsucht anderen gestatten, den Harem zu betreten. Deshalb sagt Gonikaputra, daß Könige solche Männer für den Harem einstellen sollen, deren Abstinenz von Fleischeslust, deren Habsucht gewissenhaft geprüft wurde.

Die Gründe für die Zerstörung der Keuschheit einer Frau sind folgende: sich oft in Gesellschaft anderer begeben; in Begleitung anderer sitzen; Ablegen der Zurückhaltung; Verlust von Vorsicht in ihren Beziehungen zu anderen Männern; andauernde und lange Abwesenheit ihres Gatten; im Ausland leben; Zerstörung ihrer Gefühle und Liebe seitens ihres Gatten; Begleitung durch zweifel-hafte Frauen; die Eifersucht des Gatten.

Folgende Merksätze zu diesem Thema gelten: „Ein kluger Mann, der aus den *Shastras* die Methoden kennt, wie man die Ehefrauen anderer Männer für sich gewinnt, wird immer merken, wenn er von seinen eigenen Frauen betrogen wird. Er selbst darf diese Methoden nicht anwenden, um die Frauen anderer zu verführen, weil sie nicht immer zum Erfolg führen und vor allem Unglück und die Zerstörung von *Dharma* und *Artha* bringen."

Teil III

Über die Heirat

I

Vom Erwerben der richtigen Frau

Wird ein jungfräuliches Mädchen derselben Kaste in Übereinstimmung mit den Regeln der Heiligen Schrift verheiratet, so ergeben sich aus dieser Verbindung: das Erlangen von *Dharma* und *Artha*, Nachkommenschaft, Anhänglichkeit, Erweiterung des Freundeskreises und ungetrübte Liebe. Aus diesem Grunde sollte ein Mann seine Zuneigung einem Mädchen schenken, das aus guter Familie kommt, dessen Eltern noch leben, und das drei oder mehr Jahre jünger ist als er. Es sollte aus einer sehr angesehenen Familie stammen, die reich ist, über gute Beziehungen verfügt, viele Verwandte und Freunde hat. Es sollte auch schön sein, von guter Verfassung, mit Glücksmalen am Körper, schönen Haaren, Nägeln, Zähnen, Ohren, Augen sowie Brüsten, wie man sie sich vorstellt, und es darf keine Mängel oder gesundheitliche Probleme haben. Selbstverständlich muß der Mann ebensolche Qualitäten besitzen. Aber, so sagt Ghotakamukha, ein Mädchen, das schon mit anderen geschlafen hat, d.h. keine Jungfer mehr ist, sollte nicht geliebt werden, weil es erneut anfällig dafür werden würde. Eine Hochzeit mit einem Mädchen auszurichten, wie eingangs beschrieben, kostet die Eltern und Verwandten des Mannes Mühe.

Wenn beide Seiten es wünschen, dürfen auch Freunde in die Angelegenheit einbezogen werden. Diese Freunde sollten den Eltern des Mädchens von allen Schwächen berichten, die andere Heiratskandidaten gegenwärtig oder künftig haben. Gleichzeitig sollten sie alle Vorzüge ihres Freundes, auch die der Vorfahren der Familie, schildern und sogar übertrieben darstellen, um ihn im besten Licht zu zeigen und damit besonderen Eindruck auf die Mutter des Mädchens zu machen. Einer der Freunde könnte sich als Astrologe ausgeben und eine Zukunft in Glück und Wohlstand für seinen Freund voraussagen, indem er die günstige Konstellation der Sterne deutet, glückverheißende Omen und Zeichen zeigt, den vorteilhaften Eintritt der Sonne in das Zeichen des Tierkreises sowie Glücksmale am Körper des Freundes erwähnt. Andere wiederum könnten die Eifersucht der Mutter wecken, indem sie erzählen, daß ihr Freund die Möglichkeit hätte, von anderer Seite ein noch besseres Mädchen als ihre Tochter zu bekommen.

Ein Mädchen nimmt man dann zur Frau, wenn Fortuna lächelt, Zeichen, Omen und die Worte anderer günstig sind. Denn Ghotakamukha meint, ein Mann darf nicht zu beliebiger Zeit heiraten, wenn es ihm gefällt. Ein Mädchen, das schläfrig

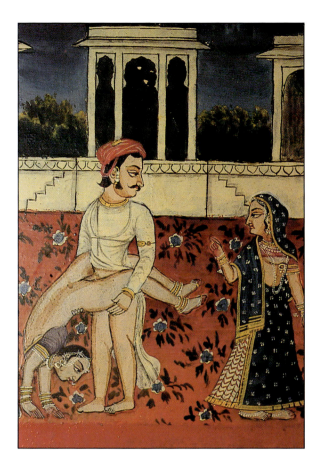 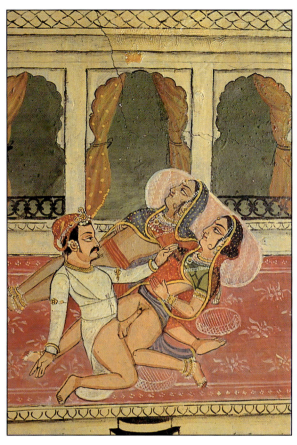

Oben: Ein Mann, der viele Frauen heiratet, sollte sich allen gegenüber fair verhalten. Er darf keine geringschätzen oder übergehen. Er darf die Liebe, Leidenschaft, körperlichen Makel und intimen Besonderheiten der einen Frau nicht einer anderen enthüllen...Er muß ihnen allen zu Gefallen sein - mit Spaziergängen durch die Gärten, durch Amüsement und Geschenke, und indem er ihre Beziehungen honoriert, ihnen Geheimnisse anvertraut und schließlich durch Liebesakte.

Seite gegenüber: Liebe für etwas, an das man nicht gewöhnt ist, und Liebe, die sich vollständig aus der Imagination nährt, heißt aus Vorstellung resultierende Liebe.

ist, weint oder weggelaufen ist, als man um seine Hand anhielt, oder mit einem anderen verlobt ist, sollte nicht geheiratet werden. Folgende sollte man gleichfalls meiden: eine, die verborgen gehalten wird; die einen schlecht klingenden Namen trägt; eine mit flacher Nase; eine mit nach oben gewölbten Nasenlöchern; eine, die wie ein Mann aussieht; eine, die gebückt geht; eine mit O-Beinen, eine mit vorstehender Stirn; eine Glatzköpfige; eine, die nichts von Reinlichkeit hält; eine, die von jemand anderem befleckt worden ist; eine an *Gulma* Leidende; eine, die verunstaltet ist; eine, die noch nicht ihre Pubertät erreicht hat; eine Freundin; eine, die eine jüngere Schwester ist, sowie eine Varshakari.

Ebenso gilt das für ein Mädchen, das den Namen eines der siebenundzwanzig Sterne, eines Baumes oder eines Flusses trägt. Als wertlos betrachtet werden auch Mädchen, deren Namen auf „r" oder "l" enden. Doch einige Autoren sagen, daß man Prosperität nur durch die Heirat des Mädchens erlangt, zu dem man sich hingezogen fühlt, und daß deshalb kein anderes Mädchen als das geliebte geheiratet werden sollte.

Wenn ein Mädchen heiratsfähig wird, sollten es die Eltern hübsch kleiden und so plazieren, das es von allen gut gesehen werden kann. Jeden Nachmittag, nachdem sie es nett angezogen und geschmückt haben, schicken sie es mit ihren Begleiterinnen zu Sport und Spiel, zu Opferfesten und Hochzeitszeremonien, um so der Gesellschaft die Vorteile des Mädchens zu zeigen, denn es ist eine Art Ware. Mit freundlichen Worten und Gesten sollten sie jene empfangen, die vielversprechend aussehen, von ihren Freunden und Verwandten begleitet zu Besuch kommen, um ihr Interesse an der Tochter zu bekunden. Nachdem diese passend gekleidet wurde, sollte sie ihnen präsentiert werden.

Danach hat man auf das Glück zu warten und kann einen späteren Termin vorschlagen, um dann die Hochzeit der Tochter festzulegen. Bei dieser Gelegenheit, wenn die entsprechenden Personen eingetroffen sind, empfehlen ihnen die Eltern des Mädchens, zunächst ein Bad zu nehmen, dann zu speisen, und danach erklären sie: „Alles zu seiner Zeit." Möglichem Drängen geben sie nicht nach, sondern verschieben die eigentliche Angelegenheit auf später im Verlauf des Besuchs.

Hat der Mann sich für das Mädchen entschieden, dann heiratet er es gemäß dem Brauch des Landes oder entsprechend seinem eigenen Wunsch, in Übereinstimmung mit den Regeln der Heiligen Schrift und entsprechend einer der vier Arten der Heirat.

Vergnügungen in Gesellschaft anderer, beispielsweise Verse vollenden, die ein anderer begonnen hat, Hochzeitsfeiern und andere Zeremonien, sollen nicht zusammen mit Vorgesetzten oder Untergebenen gepflegt werden, sondern nur mit Ebenbürtigen. Als eine hohe Verbindung gilt, wenn ein Mann nach der Hochzeit seine Gattin und deren Verwandte wie ein Hausangestellter bedienen muß. Von den Weisen wird eine solche Verbindung getadelt. Andererseits sprechen die Weisen von niederer Verbindung, wenn ein Mann mit seinen Verwandten über seine Gattin herrscht. Doch wenn Mann und Frau sich gegenseitig Respekt erweisen und Vergnügen bereiten und den Verwandten beider Seiten ebenso, dann nennt man das eine Verbindung im eigentlichen Sinne des Wortes. Deshalb sollte ein Mann sich weder auf eine Verbindung einlassen, durch die er verpflichtet wird, sich später vor seinen Angehörigen zu beugen, noch auf eine niedere Verbindung, die weltweit von allen getadelt wird.

II

Wie man das Vertrauen eines Mädchens gewinnt

Während der ersten drei Tage nach der Hochzeit sollten Mann und Frau auf dem Boden schlafen, sich sexuellen Vergnügens enthalten und ihre Mahlzeiten ungewürzt zu sich nehmen. Während der folgenden sieben Tage sollten sie zum Klang angenehmer Musik baden, sich schmücken, zusammen speisen und ihren Verwandten sowie jenen, die als Trauzeugen gekommen sind, Aufmerksamkeit erweisen. Das gilt für Angehörige aller Kasten. In der Nacht des zehnten Tages beginnt der Mann, mit schmeichelnder Stimme zu sprechen und so das

Vertrauen der Frau zu gewinnen. Einige Autoren sagen, daß er drei Tage nicht mit ihr sprechen sollte, damit sie sich an ihn gewöhnt. Babhravyas Anhänger jedoch sind der Meinung, daß wenn der Mann drei Tage lang nicht zu ihr spricht, sie entmutigt werden, ihn als geistlos wie eine Säule betrachten und sich zurückgestoßen fühlen könnte. Sie mag in ihm sogar einen Eunuchen vermuten. Vatsyayana sagt, daß der Mann beginnen sollte, ihr Vertrauen zu gewinnen, aber zunächst Abstand nimmt von sexuellen Annäherungsversuchen. Da Frauen von zarter Natur sind, möchten sie einen zärtlichen Anfang. Wenn sie gewaltsam von einem Mann genommen werden, mit dem sie gerade erst bekannt geworden sind, so können sie plötzlich zu Hassern von sexuellen Beziehungen werden und manchmal selbst zu Hassern des männlichen Geschlechts.

Der Mann sollte sich deshalb der Frau in einer Weise nähern, die sie mag, und er bedient sich dabei am besten solcher Mittel, mit denen er mehr und mehr ihr Vertrauen gewinnt.

Wenn sie seine Umarmung duldet, schiebt er ihr eine „Tambula", ein Tütchen aus Betelblatt mit Betelnuß gefüllt, in den Mund. Sollte sie das nicht mögen, so muß er sie mit Überredung, mit Flehen, Schwüren, zu ihren Füßen kniend, dazu bewegen, denn es ist eine universelle Regel, daß eine Frau, mag sie noch so scheu oder ängstlich sein, niemals einen zu ihren Füßen knienden Mann abweist. Wenn er ihr diese „Tambula" gibt, sollte er sie zärtlich und weich auf den Mund küssen, ohne einen Laut von sich zu geben. Willigt sie in dieser Richtung ein, dann muß er sie zum Sprechen bringen. Gelingt ihm das, stellt er ihr Fragen über Themen, von denen er vorgibt, nichts zu verstehen, und die in ein paar Worten beantwortet werden können. Spricht sie nicht, sollte er sie nicht ängstigen, aber wieder und wieder in versöhnlicher Art dieselben Fragen stellen. Antwortet sie immer noch nicht, dann drängt er sie zu einer Erwiderung. Denn Ghotakamukhta sagt: „Alle Mädchen hören alles, was ihnen Männer sagen, während sie selbst manchmal kein Wort äußern." So bedrängt, kann sie mit dem Schütteln ihres Kopfes reagieren. Doch ist sie immer noch zu sehr beunruhigt, dann macht sie auch das nicht. Wird sie von dem Mann gefragt, ob sie ihn mag, schweigt sie zunächst lange. Erst wenn sie zur Antwort gedrängt wird, signalisiert sie durch Kopfnicken ihre Bejahung. Kannte der Mann

die Frau schon vorher, könnte er auch eine Freundin einschalten, die das Vertrauen beider besitzt und die Konversation zwischen beiden zu fördern vermag. In solchem Fall hört die Frau gesenkten Kopfes und lächelnd zu. Doch wenn die vermittelnde Freundin ihrerseits mehr sagt, als gewünscht wird, sollte die Frau mit ihr schimpfen. Die Freundin könnte im Scherz etwas sagen, was die Frau gar nicht geäußert hat, und noch hinzufügen: „So hat sie es gesagt." Darauf kann die Frau undeutlich und verschmitzt ausrufen: „O nein! Das habe ich nicht gesagt!" Dabei sollte sie lächeln und einen verstohlenen Blick auf ihren Gatten werfen.

Wenn die Frau mit dem Mann vertraut ist, legt sie die „Tambula", den Balsam oder die Girlande, um die er vielleicht gebeten hat, dicht vor ihn oder steckt es gar oben in seine Kleidung. Während sie das tut, könnte er ihre jungen Brüste berühren, indem er leicht mit den Fingernägeln darüber fährt. Will sie ihn daran hindern, entgegnet er: „Ich mache es nicht wieder, wenn du mich umarmst." Er sollte sie dazu bringen, daß sie ihn umarmt.. Während sie das tut, streicht er ihr mit seiner Hand wiederholt über den Körper. Allmählich sollte er sie auf seinen Schoß ziehen und sich bemühen, ihre Einwilligung zu erhalten. Wenn sie ihm nicht nachgibt, kann er ihr drohen: „Mit meinen Zähnen und Nägeln werde ich deine Lippen und Brüste markieren und Ähnliches auch an meinem Körper machen und es meinen Freunden zeigen und erzählen, daß du das getan hast. Was wirst du dann sagen?" Auf diese Art, so wie man dem Gemüt eines Kindes Angst und Vertrauen einflößt, macht der Mann sie langsam seinen Wünschen gefügig.

In der zweiten und dritten Nacht, nachdem ihre Zutraulichkeit zugenommen hat, darf er sie mit seinen Händen am ganzen Körper abtasten und sie überall küssen. Er sollte seine Hände auf ihre Schenkel legen und sie massieren. Hat er Erfolg, dann reibt er zärtlich ihre Gelenke. Versucht sie, das zu verhindern, könnte er entgegnen: „Wem schadet es, wenn ich das tue?" Hat er diesen Punkt erreicht, streichelt er ihren Intimbereich, löst Gürtel und Knoten ihrer Kleidung, schlägt ihr Untergewand hoch und massiert die nackten Schenkel. Für das alles nennt er Vorwände, beginnt aber noch nicht mit dem eigentlichen Geschlechtsakt. Er könnte von den vierundsechzig Arten sprechen, ihr seine große Liebe beteuern und von seinen Hoffnungen und Vorstellungen

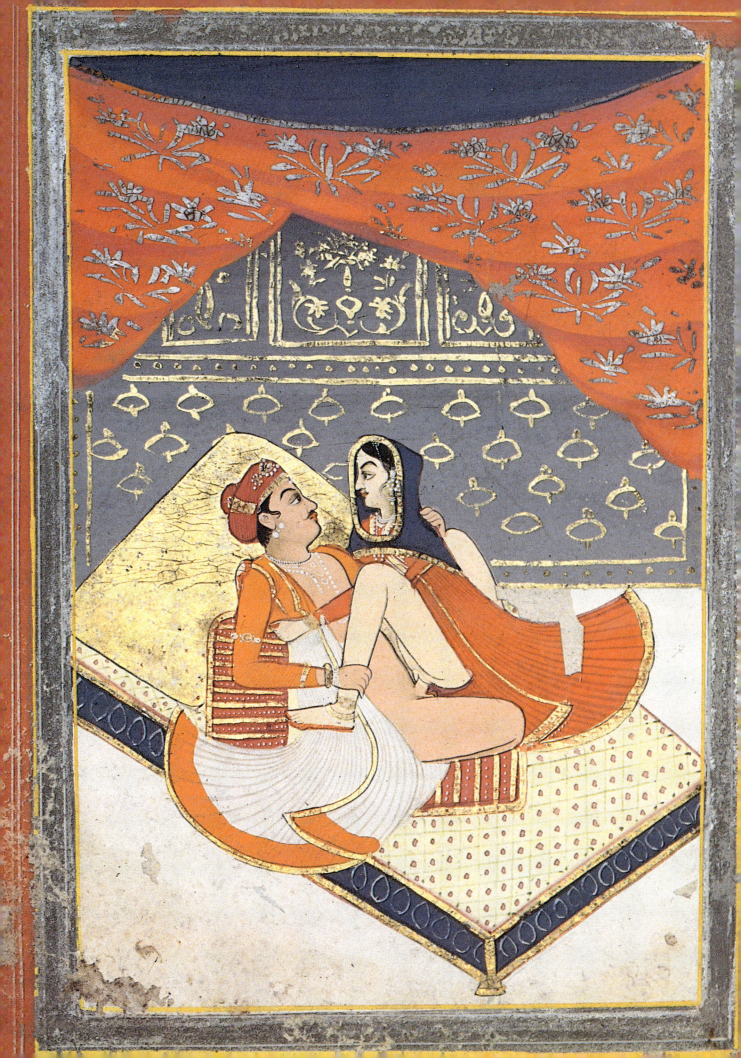

 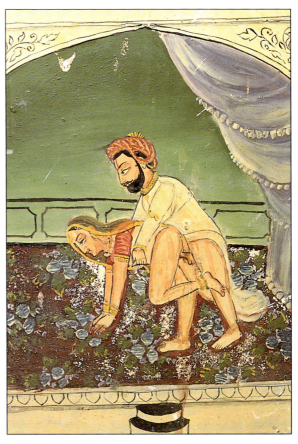

Oben: Wenn eine Frau wie ein Vierfüßler auf Händen und Füßen steht und ihr Liebhaber sie wie ein Bulle von hinten begattet, dann heißt das „Vereinigung mit einer Kuh". Bei dieser Liebesvereinigung kommen dem Rücken der Frau die Liebkosungen zu, die sonst ihr Busen erfährt. Auf dieselbe Art kann die Paarung eines Hundes, einer Ziege oder eines Rehes imitiert werden...und in all diesen Stellungen ahmt man die Eigenschaften der verschiedenen Tiere nach, indem man so agiert wie sie.

Seite gegenüber: Kommt ein Liebhaber in die Unterkunft einer Kurtisane, unterhält sie ihn zunächst mit einem langen Gespräch...ehe sie ihm ihr sexuelles Können beweist.

schwärmen, die er seit langem in Bezug auf sie hegt. Er verspricht ihr Treue für die Zukunft, zerstreut alle ihre Befürchtungen hinsichtlich Rivalinnen. Und zum Schluß, nachdem sie ihre Scheu ganz abgelegt hat, beginnt er, sie auf solche Art zu begatten, daß sie sich nicht fürchtet. Das zum Thema, wie man das Vertrauen des Mädchens gewinnt. Die Merksätze dazu lauten:

„Ein Mann, der nach den Neigungen der Frau handelt, sollte versuchen, sie so zu beeindrucken, daß sie ihn liebt und ihr volles Vertrauen in ihn setzt. Ein Mann kommt weder zum Erfolg, indem er genau ihren Neigungen Folge leistet, noch indem er vollständig dagegen handelt. Er muß einen Mittelweg finden.

Ein Mann, der weiß, wie er Frauen dazu bringt, daß sie ihn lieben, wie auch, ihnen Ehre zu erweisen und ihr Vertrauen zu gewinnen, der wird ein Objekt ihrer Liebe. Doch jener, der ein Mädchen vernachlässigt, weil er es als zu schüchtern betrachtet, der wird von ihm verachtet als Rohling, der keine Ahnung vom Wirken des weiblichen Gemüts hat.

Außerdem: Ein Mädchen, das gewaltsam von jemandem genommen wird, der die Herzen der Mädchen nicht versteht, dieses Mädchen wird nervös, ängstlich und deprimiert. Und plötzlich beginnt es, den Mann zu hassen, der ihm das angetan hat. Wenn die Liebe des Mädchens nicht verstanden und erwidert wird, gerät es in Verzweiflung und wird entweder ein Hasser der ganzen Männerwelt oder, während es den eigenen Mann haßt, sucht es schließlich Zuflucht bei anderen Männern.“

III

Vom Leben als sittsame Gattin

Eine sittsame Frau, die ihrem Mann zugetan ist, sollte im Einklang mit seinen Wünschen handeln, als ob er ein göttliches Wesen wäre. Und mit seiner Einwilligung sollte sie es übernehmen, sich um seine Familie zu kümmern. Sie hat das Haus sauber zu halten, es an verschiedenen Stellen mit Blumen zu dekorieren, den Fußboden eben und rein zu halten, so daß alles nett und ordentlich aussieht. Um das Haus legt sie einen Garten an, der alles für die morgendlichen, mittäglichen und abendlichen Opferzeremonien Erforderliche liefert. Außerdem kümmert sie sich um den Altar der Hausgötter. Denn Gonardiya sagt: „Nichts erfreut das Herz des Hausherrn mehr, als wenn seine Gattin sorgfältig all die Aufgaben erfüllt, die eben erwähnt wurden.“

Gegenüber den Eltern, Verwandten, Freunden, Schwestern und Bediensteten des Gatten verhält sie sich so, wie es diese verdienen. Im Garten pflanzt sie Gemüse, Fenchel und *xanthochymus pictorius*. Sie legt Beete an mit verschiedenen Blumen, beispielsweise *trapa bispinosa*, Jasmin, *gasminum grandiflorum*, Gelbes Tausendschön, Wildjasmin, *tabernamontana coronaria*, Nadyawort und Chinarose, dazu das duftenden Gras *andropogon miricatus*. Sie sorgt auch für das Aufstellen von Bänken und Lauben. Und in die Mitte des Gartens könnte sie einen Brunnen oder ein Wasserbecken setzen lassen.

Die Gattin sollte stets die Begleitung von Bettlern und Bettelmönchen, unzüchtigen und schurkischen Frauen, weiblichen Wahrsagern und Zauberern meiden. Bezüglich der Speisen behält sie ständig im Auge, was ihr Gatte mag und was nicht, und welche Dinge gut und gesund sind für ihn und welche nicht. Hört sie ihn heimkommen, so erhebt sie sich sofort und zeigt sich bereit, alles auszuführen, was er anordnet. Entweder befiehlt sie den Dienern, seine Füße zu waschen, oder sie tut das selbst. Geht sie mit ihm aus, legt sie ihren Schmuck an. Ohne seine Einwilligung darf sie keine Einladungen verschicken und auch keine annehmen, keine Hochzeitsfeste oder Opferrituale besuchen, nicht in Begleitung von Freundinnen sitzen oder die Gotteshäuser besuchen. Wenn sie sich an Sport und Spiel beteiligen will, dann ohne gegen seinen Willen zu verstoßen. Sie setzt sich immer nach ihm hin und steht vor ihm auf. Sie weckt ihn nicht, wenn er schläft. Die Küche sollte sich in einem ruhigen, abgelegenen Winkel des Hauses befinden, der Fremden nicht zugänglich ist. Sie muß stets rein aussehen.

Im Fall eines Fehlverhaltens ihres Gatten schimpft sie nicht sehr, sondern darf ein bißchen verärgert sein. Sie darf ihn nicht mit Kraftausdrückken belegen, sondern tadelt ihn mit versöhnlichen Bemerkungen, egal ob er allein oder in Begleitung von Freunden ist. Außerdem darf sie kein zänkisches Weib sein. Denn Gonardiya sagt: „Es gibt für einen Gatten keinen größeren Grund für Mißfallen als diese Unart von Frauen." Schließlich vermeidet sie schlechte Ausdrücke und mürrische Miene und ebenso, beiseite zu sprechen, in der Tür zu stehen und auf Passanten zu schauen, im Vergnügungspark zu plaudern, für längere Zeit an einem einsamen Ort zu verweilen. Selbstverständlich hält sie ständig ihren Körper, ihre Zähne, ihr Haar und alles, was zu ihr gehört, sauber und in ordentlichem Zustand.

Möchte sich die Frau ihrem Gatten privat nähern, so zieht sie an Ornamenten reiche Kleidung an, zu der auch Blumen und mehrfarbiger Schmuck gehören. Und sie trägt süßlich duftendes Parfüm auf. Hingegen sollte ihre Kleidung für den normalen Tag aus einem dünnen, enggewebten Stoff, ein paar Ornamenten und Blumen bestehen, und sie verwendet nur ein bißchen Parfüm. Hält sie das Fasten und die Gelübde ihres Gatten ein und versucht er, sie davon abzubringen, so hat sie ihn zu überzeugen, daß er es ihr doch gestattet.

Zur geeigneten Jahreszeit, auch wenn sie billig sind, kauft sie Erde, Bambus, Feuerholz, Felle und Eisentöpfe sowie Salz und Öl ein. Wenn erforderlich, kauft sie auch Duftstoffe, Behälter aus der Pflanze *wrightea antidysenterica* oder ovalblätterige *wrigthea*, Arzneien und andere ständig gebrauchte Dinge und verwahrt sie an einem sicheren Platz im Haus. Die Saat von Rettich, Kartoffel, Runkelrübe, Indischem Wermut, Mango, Gurke, Aubergine, *Kushmanda*, Flaschenkürbis, *Suvana, bigonia indica, premna spinosa*, Sandelholz, Knoblauch, Zwiebel und verschiedenem Gemüse kauft sie so, daß sie zur rechten Zeit in den Boden gebracht werden kann.

Fremden darf die Ehefrau nichts vom Ausmaß des Reichtums berichten und auch keine Geheimnisse verraten, die ihr ihr Mann anvertraut hat. Sie hat alle Frauen ihres Ranges bezüglich Geschick, Erscheinung und Aussehen, Stolz, Kochkunst und der Art, ihrem Mann zu dienen, zu übertreffen. Die Jahresausgaben sollten im Einklang mit den Einnahmen stehen. Aus restlicher Milch kann man Butterfett machen, Öl und Zucker zu Hause zubereiten. Dort kann man auch Spinnen und Weben, aus Baumrinde Seile und Schnüre anfertigen. Die Ehefrau befaßt sich auch mit dem Reinigen und Zerstampfen von Reis und sorgt für die Verwendung der kleinen Körner und der Spreu. Sie ist verantwortlich für das Zahlen der Löhne an das Dienstpersonal, die Beaufsichtigung der Feldarbeiten sowie für die Widder, Hähne, Wachteln, Papageien, Stare, Kuckucke, Pfaue, Affen und Rehe. Schließlich muß sie die Einnahmen und Ausgaben des Tages vergleichen. Abgetragene Kleidung sollte den Hausangestellten geschenkt werden, die gute Arbeit verrichteten, um ihnen zu zeigen, daß ihr Dienst Anerkennung findet, oder sie sollte andere Verwendung finden. Besondere Aufmerksamkeit hat den Gefäßen zu gelten, in denen Wein zubereitet und aufbewahrt wird. Alle Käufe und Verkäufe müssen sorgfältig vorgenommen werden. Freunde des Gatten muß die Ehefrau willkommen heißen, indem sie sie mit Blumen, Balsam, Duftstäbchen, Betelblättern und Betelnüssen beschenkt. Ihre Schwiegereltern muß sie gebührlich behandeln und ihnen stets gehorchen. Nie darf sie ihnen widersprechen oder ihnen kurz angebunden oder in harschen Worten antworten. Sie darf in deren Gegenwart auch nicht laut lachen. Die Freunde und Feinde der Schwiegereltern muß sie wie ihre eigenen behandeln. Außerdem sollte sie nicht eitel oder zu sehr auf Vergnügungen aus sein. Sie sollte sich dem Dienstpersonal gegenüber liberal verhalten, es an Feiertagen und Festen auszeichnen, aber nichts weggeben, ohne zuvor den Gatten davon in Kenntnis gesetzt zu haben.

Dies zum Thema, wie man das Leben einer sittsamen Gattin führt.

Während längerer Abwesenheit ihres Mann trägt die sittsame Ehefrau nur ihre Amulette und Glücksbringer und hält das Fasten zu Ehren der Götter ein. Während sie sehnsüchtig auf Neuigkeiten von ihrem Gatten wartet, fährt sie mit den Haushaltspflichten fort. Sie sollte in der Nähe der älteren Frauen im Haus schlafen und ihnen behilflich sein. Sie muß sich um die Pflege der Sachen kümmern, an denen ihr Gatte hängt, und die Arbeiten fortsetzen, die er begonnen hat. Sie darf nicht Zuflucht suchen bei Verwandten, außer bei freudigen oder traurigen Anlässen; dann sollte sie in ihrer üblichen Reisekleidung zu ihnen gehen, begleitet von Bediensteten ihres Gatten, und dort nicht zu lange verweilen. Das Fasten und die Feste sollten in Übereinstimmung mit den Ältesten des Hauses befolgt werden. Das Vermögen sollte durch Käufe und Verkäufe

Von Anfang an bemüht sich eine Ehefrau, das Herz ihres Gatten zu gewinnen, indem sie ihre Hingabe, ihren guten Charakter und ihr Wissen beweist. Bekommt sie allerdings keine Kinder, dann sollte sie selbst ihrem Mann empfehlen, eine andere zu heiraten. Und wenn er die zweite Frau geehelicht hat und ins Haus bringt, dann hat die erste Gattin ihr eine höhere Position einzuräumen und sie als Schwester zu betrachten.

Während der Abwesenheit des Gatten auf einer Reise trägt die sittsame Ehefrau nur glückverheißende Ornamente und hält das Fasten zu Ehren der Götter ein. Kommt der Gatte von seiner Reise zurück, empfängt sie ihn zunächst in Alltagskleidung, damit er gleich erkennt, womit sie sich während seiner Abwesenheit beschäftigt hat, und übergibt ihm einige Geschenke sowie die notwendigen Utensilien zum Anbeten der Götteridole.

gemäß den Regeln der Händler sowie durch Mithilfe ehrlicher, von ihr überwachter Diener vermehrt werden. Die Einnahmen sollten gesteigert und die Ausgaben so weit wie möglich gesenkt werden. Kommt der Ehemann von seiner Reise zurück, empfängt seine Ehefrau ihn zunächst in ihrer Alltagskleidung, damit er gleich erkennt, womit sie sich in der Zeit seiner Abwesenheit beschäftigt hat, und übergibt ihm ein paar nette Geschenke sowie die notwendigen Utensilien zum Anbeten der Götteridole.

Dies zum Verhalten der Frau während längerer Abwesenheit des Gatten. Die Merksätze zum Thema sind: „Die Gattin, sei sie aus nobler Familie, eine wiederverheiratete jungfräuliche Witwe oder eine Konkubine, muß ein züchtiges Leben führen, ihrem Gatten ergeben sein und alles für sein Wohlergehen tun. So handelnde Frauen erwerben *Dharma*, *Artha* und *Kama* sowie eine hohe Stellung in der Gesellschaft, und sie bewirken damit im allgemeinen, daß der Gatte ihnen gewogen bleibt."

IV

Vom Benehmen der Ehemänner und der Ehefrauen

Die Gründe für zusätzliche Heiraten sind: Torheit oder Jähzorn der Gattin; der Gatte mag sie nicht; keine Nachkommen; fortgesetzte Geburt von Töchtern; Unmäßigkeit des Gatten.

Von Anfang an sollte eine Ehefrau sich bemühen, daß Herz ihres Gatten zu gewinnen, indem sie ihm ständig ihre Hingabe, ihren guten Charakter und ihr Wissen beweist. Bekommt sie allerdings keine Kinder, dann empfiehlt sie ihrem Mann selbst, eine andere zu heiraten. Und wenn er die zweite Frau geehelicht hat und ins Haus bringt, dann hat die erste Gattin ihr eine höhere Position einzuräumen und sie als Schwester zu betrachten. Morgens sollte die ältere Gattin die jüngere dazu zwingen, sich in Gegenwart ihres Gatten zu schmücken, und nichts dagegen einwenden, wenn der Gatte der jüngeren Frau alle Gunst erweist. Macht die jüngere Ehefrau etwas, was dem Gatten mißfällt, darf die ältere das nicht durchgehen lassen, sondern sie muß stets bereit sein, sorgfältig Rat zu geben. Sie muß die Jüngere im Beisein des Gatten verschiedene Dinge lehren. Deren Kinder muß sie wie eigene behandeln. Deren Dienstpersonal muß sie sich noch aufmerksamer als ihrem eigenen widmen. Deren Freundinnen muß sie mit Liebe und Freundlichkeit überschütten und deren Verwandte mit großer Ehrerbietung.

Gibt es noch mehr Ehefrauen außer ihr, dann muß sich die ältere Gattin mit der verbünden, die ihr im Rang und Alter am nächsten steht. Und sie sollte Streit inszenieren zwischen der Gattin, die zuletzt in der Gunst des Ehemannes stand, und der jetzigen Favoritin. Dann sollte sie mit der ersten sympathisieren. Und nachdem sich alle anderen Frauen versammelt haben, sollte sie die veranlassen, die Favoritin eine Intrigantin und Sünderin zu schelten, ohne selbst daran beteiligt zu sein. Wenn die Favoritin mit dem Gatten streitet, sollte die ältere Ehefrau sich einmischen, ihr falsche Ermutigung geben und damit den Zank noch intensivieren. Gibt es nur eine kleinere Meinungsverschiedenheit zwischen beiden, dann sollte die ältere Gattin alles tun, damit daraus ein ernster Streit wird. Bemerkt sie, daß auch danach der Gatte an der Favoritin festhält, muß sie ihre Taktik ändern und nun versuchen, eine Versöhnung zwischen beiden zu arrangieren, damit sie sich nicht das Mißfallen des Gatten zuzieht. Damit endet der Abschnitt über das Benehmen der älteren Ehefrau.

Die jüngere Gattin sollte die ältere als ihre Mutter betrachten. Sie darf ohne Wissen der Älteren nichts verschenken, auch nicht an ihre Verwandten. Sie muß ihr alles über sich selbst erzählen. Und sie darf sich ihrem Gatten nicht ohne Erlaubnis der Älteren nähern. Was auch immer ihr die ältere Ehefrau berichtet, darf sie anderen nicht mitteilen. Um die Kinder der älteren Frau sollte sie sich noch mehr als um die eigenen kümmern. Ist sie allein mit ihrem Gatten, hat sie ihn zuvorkommend zu bedienen. Aber sie darf ihm nichts von dem Schmerz erzählen, den sie durch eine Rivalin unter den Ehefrauen erleidet. Heimlich mag sie von ihrem Gatten auch ein paar Hinweise erhalten, warum er sie so besonders mag. Und sie kann ihm beteuern, daß sie nur für ihn lebt und für die Zuneigung, die er ihr erweist. Niemals darf sie anderen Personen ihre Liebe zu ihrem Gatten oder dessen Liebe zu ihr enthüllen - weder aus Stolz noch aus Ärger, denn eine Ehefrau, die Geheimnisse ihres Mannes ausplaudert, wird von ihm verachtet. Um einen Gunstbeweis vom eigenen Gatten, sagt Gonardiya, sollte man aus Furcht vor der älteren Ehefrau stets nur unter vier Augen ersuchen. Wird die ältere Ehefrau von dem Gatten nicht gemocht, oder ist sie kinderlos, sollte sie mit ihr sympathisieren und dem Gatten dasselbe empfehlen. Doch in der Lebensführung als züchtige Frau muß sie sie übertreffen. Damit endet das Verhalten der jüngeren gegenüber der älteren Gattin.

Eine Witwe in armen Verhältnissen oder eine Witwe von schwachem Wesen, die sich wieder mit einem Mann verbindet, wird eine wiederverheiratete Witwe genannt. Die Anhänger Babhravyas sagen, daß eine jungfräuliche Witwe keinen Mann heiraten soll, den sie wegen schlechten Charakters oder seiner mangelnden guten Eigenschaften ohnehin, wieder verlassen wird. Sie soll sich deshalb lieber einem anderen Mann zuwenden. Gonardiya glaubt, daß es besser ist, einen Mann mit ausgezeichneten Eigenschaften zu besitzen, da der Grund für die Wiederheirat einer Witwe ihr Wunsch nach Glück ist, und das - verbunden mit Liebe und Beglückung - kann nur ein Mann mit solchen Eigenschaften. Vatsyayana dagegen denkt, daß eine Witwe jeden Mann heiraten mag, der ihr gefällt und von dem sie glaubt, daß er zu ihr paßt.

Zur Hochzeit sollte die Witwe Geld von ihrem künftigen Gatten bekommen, um die Kosten für die Feiern und Picknicks mit ihren Verwandten zu bezahlen und ihnen und ihren Freunden nette Geschenke zu machen. Sie darf das auch auf eigene Kosten machen, wenn sie es wünscht. Ebenso kann sie den eigenen oder den vom Gatten besorgten Schmuck tragen. Keine festen Regeln gibt es über den Austausch von Liebesgeschenken zwischen ihr und dem Gatten. Verläßt sie auf eigenes Verlangen nach der Hochzeit ihren Gatten, dann muß sie ihm alles zurückgeben, was sie von ihm erhalten hat, mit Ausnahme der gegenseitigen Geschenke. Wird sie allerdings von ihrem Ehemann zum Verlassen des Hauses gezwungen, so muß sie ihm nichts zurückgeben.

Nach der Heirat lebt sie im Haus des Mannes so wie eines der Hauptmitglieder der Familie. Aber die anderen Damen der Familie behandelt sie mit Freundlichkeit, die Diener mit Großzügigkeit und alle Freunde des Hauses zuvorkommend und mit Geselligkeit. Sie zeigt, daß sie besser mit den vierundsechzig Arten der Liebe vertraut ist als alle anderen Frauen des Hauses. Im Fall eines Streits mit ihrem Gatten darf sie ihn nicht scharf tadeln. Privat muß sie alles machen, was er will. Sie darf die vierundsechzig Arten des sexuellen Genusses anwenden. Anderen Ehefrauen ihres Gatten hat sie zu gehorchen, deren Kindern Geschenke zu geben, sich als Lehrerin zu betätigen und Schmuckgegenstände und Spielzeug für sie zu basteln. Den Freunden und Angestellten ihres Gatten sollte sie mehr vertrauen als den anderen Frauen. Schließlich sollte sie Gefallen haben am Besuch von Gesellschaften, Picknicks, Festen und Festivals sowie für alle Arten von Sport, Spiel und Unterhaltung. Dies zum Benehmen einer jungfräulichen Witwe, die wiederverheiratet wurde.

Eine Frau, die von ihrem Mann nicht geliebt und von den anderen Frauen behelligt und geärgert wird, muß sich mit der Frau verbünden, die am meisten von dem Ehemann geliebt wird, und die ihn mehr als die anderen bedient. Der sollte sie alle Künste, mit denen sie vertraut ist, beibringen. Sie sollte zu den Kindern des Gatten wie eine Amme sein. Und nachdem sie seine Freunde für sich eingenommen hat, können diese ihm von ihrer Hingabe berichten. Bei religiösen Zeremonien ist sie der Vorstand, ebenso bei Gelübden und beim Fasten. Von sich selbst darf sie keine zu hohe Meinung haben. Liegt ihr Gatte auf dem Bett, nähert sie sich ihm nur, wenn er das wünscht. Sie darf ihn nicht tadeln oder sich ihm gegenüber irgendwie aufsässig zeigen. Streitet sich ihr Gatte mit einer seiner Frauen, muß sie sie wieder versöhnen. Wünscht er, eine seiner Frauen heimlich zu treffen, arrangiert sie das. Sie nimmt die Schwachpunkte ihres Gatten zur Kenntnis, aber behält das für sich. Sie muß sich so benehmen, daß dies dazu führt, daß er in ihr eine gute und hingebungsvolle Gattin erblickt. Dies zum Verhalten einer Ehefrau, die von ihrem Gatten nicht geliebt wird.

Ein Mann, der mit vielen Frauen verheiratet ist, muß alle fair behandeln. Er darf keine mißachten oder übergehen und keiner die Liebe, Leidenschaft, körperlichen Makel und intimen Besonderheiten einer anderen enthüllen. Keine darf eine Gelegenheit erhalten, zu ihm über ihre Rivalinnen zu sprechen. Beginnt doch eine, schlecht über

Oben: Männlichkeit, sagt man, bestehe aus Grobheit und Ungestüm, während Schwäche, Zartheit, Sensibilität und eine Neigung, sich von Unangenehmem abzuwenden, die Merkmale von Fraulichkeit seien. Die Hitze der Leidenschaft und besondere Gewohnheiten bringen manchmal genau gegenteilige Ergebnisse zum Vorschein. Doch diese währen nicht lange, und am Ende wird der natürliche Zustand wiederhergestellt.

Seite gegenüber: Einige Könige, die Mitleid haben, nehmen Arzneien zu sich, damit sie in der Lage sind, in einer Nacht viele Frauen zu beglücken, einfach mit dem Ziel, das Verlangen ihrer Frauen zu stillen, auch wenn diese es selbst vielleicht gar nicht fordern. Andere erfreuen sich mit großer Zuneigung nur der Frauen, die sie besonders mögen, während wieder andere die Frauen streng der Reihe nach nehmen.

eine andere zu reden, muß er sie zurechtweisen und ihr sagen, daß sie genau denselben Makel in ihrem Charakter hat. Der einen sollte er durch geheime Vertraulichkeit Gunst erweisen, einer anderen durch geheime Achtung, noch einer anderen durch geheime Schmeichelei. Er sollte sie alle erfreuen, indem er mit ihnen durch die Gärten spaziert, durch Amüsement, Geschenke, indem er ihre Verwandten ehrt, ihnen Geheimnisse mitteilt und schließlich durch die Liebesakte. Eine junge Frau von gutem Wesen, die sich entsprechend den Regeln der Heiligen Schrift aufführt, gewinnt die Anhänglichkeit ihres Gatten und die Oberhand über ihre Rivalinnen.

V

Wie man Gefühle durch äußere Zeichen und Taten bekundet

Ein armer Mann mit guten Eigenschaften, ein Mann aus einer niederen Familie mit mittelmäßigen Eigenschaften, ein Nachbar mit Reichtum und einer, der unter der Kontrolle seines Vaters, seiner Mutter oder seiner Brüder steht, sollte nicht heiraten, ohne versucht zu haben, ein Mädchen für sich zu gewinnen, das er seit dessen Kindheit liebt und schätzt. So sollte ein Junge, der von seinen Eltern getrennt im Hause seines Onkels lebt, den Versuch machen, die Tochter des Onkels oder ein anderes Mädchen für sich zu gewinnen, selbst wenn dieses vorher bereits mit einem anderen verlobt wurde.

Hat ein Junge auf diese Art begonnen, ein Mädchen, das er liebt, zu betören, dann muß er seine Zeit mit ihm verbringen, es mit verschiedenen Spielen und anderen Dingen unterhalten, die zum Alter des Mädchens passen, beispielsweise Blumen pflücken, Girlanden aus Blumen flechten, Rollen von Mitgliedern einer fiktiven Familie spielen, Essen zubereiten, Spiel mit Würfeln und Karten, das Spiel der Ungleichen und Gleichen, das Spiel vom Suchen des Mittelfingers, das Spiel von den sechs Steinen und andere, die im Lande üblich sind und der Verfassung des Mädchens entsprechen. Zusätzlich sollte er andere Spiele einführen, bei denen mehrere Personen, z.B. Freunde, weibliches Dienstpersonal, mitwirken. Das könnten Verstecken, Blinde Kuh aber auch gymnastische Übungen sein. Der Junge sollte stets jeder Frau, dem das Mädchen vertraut, größte Freundlichkeit erweisen bzw. Bekanntschaft mit ihnen schließen. Vor allem sollte er durch Artigkeiten und kleine Dienste die Tochter der Amme des Mädchens an sich binden, denn wenn die gewonnen wird, legt sie seinen Absichten, selbst wenn sie die durchschaut, nichts in den Weg und ist manchmal in der Lage, eine Verbindung zwischen ihm und dem Mädchen zu arrangieren. Obwohl sie den wahren mangelhaften Charakter des Mannes kennt, schildert sie seine vielen exzellenten Eigenschaften gegenüber den Eltern und Verwandten des Mädchens, auch wenn sie von ihm damit nicht beauftragt wurde.

Als nächsten Schritt bringt er das Mädchen dazu, daß es ihn privat trifft. Dabei erklärt er, daß er ihm heimlich die Geschenke übergibt, weil er Angst hat, den Eltern beider könnte das mißfallen. Er könnte hinzufügen, daß die Geschenke, die er ihr gemacht hat, von anderen sehr begehrt sind. Nimmt die Liebe des Mädchens spürbar zu, könnte er ihm, wenn es das mag, nette Geschichten erzählen. Wenn dem Mädchen Taschenspielerei gefällt, sollte er es mit der Vorführung einiger Tricks vergnügen. Oder wenn es neugierig ist, künstlerischen Aufführungen zuzusehen, sollte er eine Kostprobe eigenen Talents geben. Wenn es Gefallen an Musik findet, kann er es damit unterhalten. Bevor es nach Hause zurückkehrt, überreicht er dem Mädchen Blumensträuße, Kränze fürs Haar, Ohrgehänge und Ringe, denn das sind die richtigen Gelegenheiten für solche Aufmerksamkeiten.

Die Tochter der Amme des Mädchens sollte er in den vierundsechzig Arten des von Männern ausgeübten Vergnügens unterweisen und sie unter diesem Vorwand auch von seinen großen Fertigkeiten in der Kunst der sexuellen Freuden in Kenntnis setzen. Stets sollte er feine Kleidung tragen und so gut wie nur möglich aussehen, denn junge Frauen lieben Männer, die nett aussehen und adrett gekleidet sind. Was die Ansicht anlangt, daß Frauen, selbst wenn sie sich verlieben, von sich aus keine Anstrengungen machen, sich dem Objekt ihrer Zuneigung zu nähern, so ist das eben nur Gerede.

Teil IV

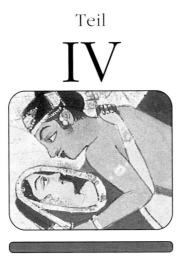

Über Kurtisanen

I

Warum und mit welchen Mitteln sich eine Kurtisane an den begehrten Mann heranmacht

Durch den Geschlechtsverkehr mit Männern verdienen sich Kurtisanen ihren Lebensunterhalt, und sie erlangen damit sexuelles Vergnügen. Wenn sich eine Kurtisane aus Liebe einen Mann nimmt, dann ist das natürlich. Macht sie das aber um des Geldes willen so ist diese Handlung künstlich oder erzwungen. Doch auch in diesem Falle muß sie sich selbstverständlich so verhalten, als wäre ihre Liebe echt, denn Männer setzen ihr Vertrauen in jene Frauen, von denen sie scheinbar geliebt werden. Indem sie dem Mann ihre Liebe bekundet, sollte sie sich völlig frei von Geschäftssinn und Habsucht zeigen, und um ihrer Zukunft willen muß sie davon absehen, von ihm auf ungesetzliche Weise Geld zu erpressen.

Eine Kurtisane sollte in ihrem Schmuck und gut gekleidet an der Tür ihres Hauses sitzen oder stehen. Ohne zu viel von sich selbst zur Schau zu stellen, blickt sie so auf die Straße, daß sie von Passanten gesehen werden kann. Sie ist wie ein Schaustück, das zum Kauf angeboten wird. Sie schließt Freundschaften mit solchen Personen, die ihr dabei behilflich sein können, Männer von ihren Frauen zu trennen und sie für sich zu interessieren, ihre unglückliche Lage wettzumachen, Reichtum zu erwerben und sie vor Leuten zu schützen, mit denen sie Geschäfte abzuwickeln hat.

Zur Gruppe dieser Leuten gehören die Stadtwächter oder die Polizei; Justizbeamte und Gerichtsdiener; Astrologen; einflußreiche Männer oder interessierte Männer; studierte Männer, Lehrer der vierundsechzig Arten; Pithamardas oder Vertraute; Vitas oder Schmarotzer; Viduskakas oder Possenreißer; Blumenverkäufer; Parfümeure; Alkoholverkäufer; Wäscher, Barbiere, Bettler sowie weitere Personen, die für den Erwerb eines benötigten Objekts erforderlich sind.

Die folgenden Kategorien von Männern mögen von den Kurtisanen aus dem einfachen Grunde, an ihr Geld zu kommen, bevorzugt werden: Männer mit unabhängigem Einkommen; junge Männer; Männer, die frei sind von Bindungen; Männer in hohen Positionen unter dem König; Männer, die ohne Schwierigkeiten ihren Lebensunterhalt sichern; Männer mit absolut sicheren Einkommensquellen; Männer, die sich als hübsch betrachten; Männer, die sich gern selbst loben; einer, der von Natur aus frei von Vorurteilen ist; einer, der beim König oder seinen Ministern Einfluß besitzt; einer, der stets

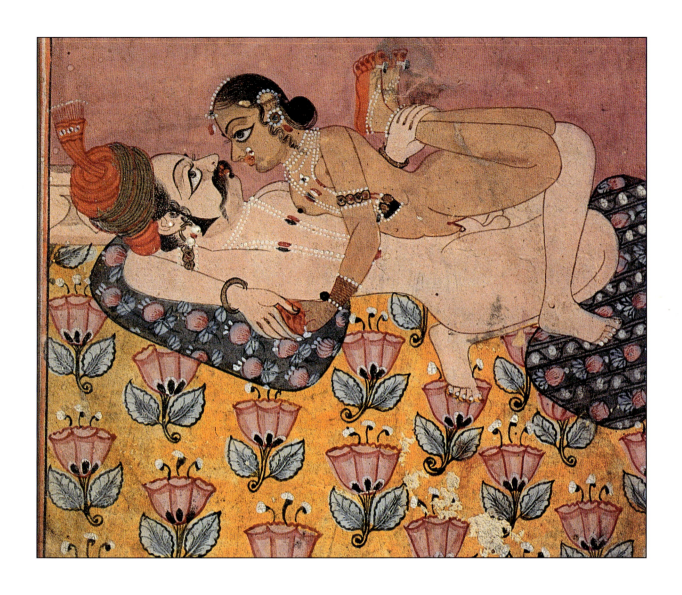

Oben: Obwohl eine Frau zurückhaltend ist und ihre Gefühle verheimlicht, sobald sie sich aber auf den Mann legt, zeigt sie damit all ihre Liebe und ihr Verlangen...eine Frau während ihrer Menses, eine, die erst kürzlich entbunden hat und eine dicke Frau sollten nicht die Rolle des Mannes spielen.

Seite gegenüber: Eine Kurtisane zeigt sich dem Mann willig, der ihr Zuneigung erweist, und sie verachtet den, der sich nicht um sie kümmert. Lebt sie mit einem Mann zusammen, und von einem anderen Mann kommt ein Bote, so sollte sie dessen Verhandlungsangebote abweisen...sie sollte den Mann, mit dem sie lebt, und der ihr gewogen ist, nicht verlassen.

Glück hat; einer, der stolz auf seinen Reichtum ist; einer, der die Anordnungen seiner Vorgesetzten mißachtet; einer, auf den die Angehörigen seiner Kaste ihre Aufmerksamkeit richten; der einzige Sohn eines reichen Vaters; ein Asket, der innerliches Verlangen spürt; ein mutiger Mann; ein Arzt des Königs; frühere Bekanntschaften.

Andererseits darf sie um der Liebe und des Ruhmes willen zu Männern mit exzellenten Eigenschaften greifen. Solche sind: Männer von hoher Geburt, erfahren und ausgestattet mit gutem Wissen über die Welt, die richtigen Dinge zur rechten Zeit anpackend; Poeten, gute Geschichtenerzähler, redegewandte Männer, energische Männer; Männer, befähigt in verschiedenen Künsten, weit in die Zukunft schauend, von großem Verstand, voll von Ausdauer, von starker Hingabe, frei von Ärger, liberal, den eigenen Eltern sehr verbunden, mit einer Neigung für soziale Zusammenkünfte, geschickt beim Vollenden von Versen, die andere begonnen haben, sowie geschickt in verschiedenen Sportarten, frei von allen Krankheiten, ausgestattet mit einem perfekten Körper, kräftig, nicht trunksüchtig, stark beim Sex, gesellig, Frauen gegenüber seine Liebe zeigend und ihre Herzen gewinnend, doch ihnen nicht ausgeliefert, frei von Neid und schließlich erhaben über alle Verdächtigungen.

Das sind die guten Qualitäten eines Mannes. Folgend die üblichen Eigenschaften aller Frauen: intelligent, gute Gemütsart, gute Manieren; offen und direkt in ihrem Betragen und dankbar; gründlich überlegend, bevor sie etwas tut; aktiv, von beständigem Verhalten, Kenntnis von den passenden Zeiten und Stellen, um Dinge zu erledigen; Sprache ohne Gemeinheiten, nicht von lautem Lachen begleitet und nicht von Böswilligkeit, Ärger, Habsucht, Stumpfsinn oder Dummheit geprägt; Kenntnis des *Kama Sutra* sowie Geschick in allen mit ihm verknüpften Künsten.

Außerdem sollte die Frau solche Eigenschaften besitzen: Sie sollte schön sein, liebenswürdig, mit glückverheißenden Körpermalen. Gute Eigenschaften anderer sollten ihr gefallen. Ebenso sollte sie Gefallen an Reichtum finden. Sie sollte Wonne empfinden in sexuellen Vereinigungen aus Liebe, von klarem Verstand sein und von gleicher Kategorie wie der Mann, was die sexuelle Freude betrifft. Sie sollte stets danach trachten, Erfahrungen und Wissen zu erwerben, frei von Habsucht sein und Gefallen an sozialen Zusammenkünften und an den Künsten finden. Die Fehler der Frauen ergeben sich aus dem Mangel an den soeben erwähnten guten Eigenschaften.

Zu folgenden Männern fühlen Kurtisanen sich nicht hingezogen: ein Schwindsüchtiger, ein Kränkelnder, einer mit Würmern im Mund; einer, dessen Weib ihm lieb und teuer ist; einer mit harscher Sprache; einer, der stets Verdacht schöpft; einer ohne Sinn für Respekt ; einer, der sich für Geld selbst von seinen Feinden kaufen läßt; und schließlich ein extrem Schüchterner.

Alte Autoren nennen als Gründe, aus denen eine Kurtisane sich Männern zuwendet: Liebe, Angst, Geld, Vergnügen, eine Feindschaft erwidern; Neugier, Sorge, ständiger Geschlechtsverkehr, *Dharma,* Ruhm, Mitleid, Wunsch nach einem Freund, Schande, die Ähnlichkeit des Mannes mit einer geliebten Person, Suche nach Glück; die Liebe eines anderen loswerden; aus derselben Gegend stammen, Treue und Armut. Aber Vatsyayana behauptet, daß der Wunsch nach Reichtum, das Abwenden von Unglück sowie Liebe die einzigen Gründe für eine Beziehung zwischen Kurtisanen und Männern sind.

Eine Kurtisane darf ihr Geld nicht der Liebe opfern, weil Geld die Hauptsache ist, die man hüten muß. Im Fall von Furcht usw. muß sie Stärke und andere Eigenschaften beweisen. Außerdem darf sie nicht sofort, selbst wenn sie dazu von einem Mann eingeladen wird, einer Beziehung mit ihm zustimmen, denn Männer neigen dazu, Dinge zu verachten, die sie zu einfach erworben haben. In einem solchen Falle sollte sie zuerst die Masseure, die Sänger und Spaßmacher schicken, die vielleicht in ihren Diensten stehen; sind die nicht zur Verfügung, so kann sie auch die Pithamardas oder Vertrauten oder andere Personen schicken, um seine Gefühle und Wesensart herauszufinden. Mittels dieser Leute muß sie sich vergewissern, ob der Mann rein oder unrein, liebevoll oder abweisend ist, fähig zur Zuneigung oder indifferent, freizügig oder knauserig. Entspricht er ihrem Geschmack, kann sie die Vita und andere Personen einspannen, um seine Einstellung ihr gegenüber zu erkunden. Der Pithamarda sollte den Mann - unter dem Vorwand, sich die Kämpfe der Wachteln, Hähne und Widder anzusehen, den Mynah (ein Starenvogel) sprechen zu hören, oder einem anderen Schauspiel beizuwohnen oder sich an der Ausübung einiger Künste zu beteiligen - zu ihrem Haus bringen. Es kann auch anders herum geschehen, daß er die Frau zum Hause des Mannes begleitet. Kommt er in ihr Haus, so sollte sie ihm etwas überreichen, das seine Neugier oder gar Liebe weckt, beispielsweise ein nettes Geschenk, das angeblich nur für seinen persönlichen Gebrauch angefertigt wurde. Sie sollte ihn ausgiebig unterhalten, indem sie ihm solche Geschichten erzählt, die ihm am meisten gefallen. Nach diesem Besuch könnte sie häufig eine Dienerin zu ihm schicken, die darin geübt ist, eine spaßige Unterhaltung zu führen und die gleichzeitig ein kleines Geschenk von der Kurtisane übergibt. Von Zeit zu Zeit kann sie ihn unter dem Vorwand, Geschäfte erledigen zu

müssen, in Begleitung des Pithamarda selbst besuchen. Dies zu den Mitteln, mit denen eine Kurtisane sich dem gewünschten Mann nähert.

Die Merksätze zum Thema lauten: Wenn ein Liebhaber in ihre Unterkunft kommt, empfängt ihn eine Kurtisane mit einer Mischung aus Betelblättern und Betelnüssen, mit Blumengirlanden und duftendem Balsam, beweist ihre Fähigkeiten in den Künsten und unterhält ihn mit langen Gesprächen. Sie überreicht ihm einige Liebesgeschenke und regt einen Tausch von persönlichen Dingen an. Bei der Gelegenheit zeigt sie ihm auch ihr Geschick beim sexuellen Vergnügen. Ist eine Kurtisane derart mit ihrem Liebhaber verbunden, dann erfreut sie ihn ständig mit netten Geschenken, durch Konversation und durch zärtliches Vergnügen."

II

Die Rolle der Gattin spielen

Wenn eine Kurtisane wie eine Gattin mit ihrem Liebhaber lebt, dann muß sie sich auch wie eine züchtige Frau benehmen und alles zu seiner Befriedigung verrichten. Ihre diesbezügliche Pflicht ist, zusammengefaßt, ihm Vergnügen zu bereiten, ohne sich an ihn zu fesseln, und sich dabei doch so zu verhalten, als wäre sie mit ihm verbunden.

Nun zu der Art, wie sie sich benehmen soll, um das eben erwähnte Ziel zu erreichen. Sie sollte eine Mutter haben, die von ihr abhängt, als sehr streng gilt und Geld als Hauptsinn ihres Lebens betrachtet. Gibt es eine solche Mutter nicht mehr, dann muß eine alte vertrauenswürdige Amme diese Rolle übernehmen. Die Mutter oder Amme sollten ihrerseits so tun, als ob ihnen der Liebhaber mißfalle und sie deshalb die Konkubine gewaltsam von ihm fernhielten. Die Frau sollte stets vorgetäuschten Ärger, Niedergeschlagenheit, Furcht und Scham zeigen, sich aber nicht der Mutter bzw. Amme widersetzen.

Sie gibt der Mutter bzw. Amme zu verstehen, daß der Mann an schwacher Gesundheit leide und sie ihn deshalb besuchen müsse. Zusätzlich sollte sie folgende Schritte unternehmen, um die Gunst des Mannes zu erringen: Sie schickt ihre Dienerin zu ihm, um die Blumen zu holen, die am Tag zuvor in seinem Zimmer standen, damit sie diese

nun selbst als Zeichen der Zuneigung bei sich hat. Die Dienerin sollte außerdem um die Mischung aus Betelnüssen und Betelblättern bitten, die er übriggelassen hat.

Die Kurtisane drückt ihr Erstaunen über seine Kenntnisse vom Beischlaf und über die zahlreichen Methoden des Vergnügens aus, die er anwandte. Sie lernt von ihm die vierundsechzig Arten, wie sie Babhravya beschreibt. Sie praktiziert sie, wie von ihm gelehrt, ständig nach seinem Geschmack. Sie bewahrt Geheimnisse. Sie erzählt ihm von ihren eigenen Wünschen und Geheimnissen. Sie zeigt ihren Ärger nicht. Sie berührt jeden seiner Körperteile, so wie er es wünscht. Sie vernachlässigt ihn nie, wenn er ihr auf dem Bett sein Gesicht zuwendet. Sie küßt und umarmt ihn, wenn er schläft. Sie betrachtet ihn mit scheinbarem Kummer, wenn er tief in Gedanken versunken an etwas anderes denkt als an sie. Sie zeigt weder völlige Schamlosigkeit noch übertriebene Schüchternheit, wenn er ihr begegnet oder er sie von der Straße aus auf der Terrasse ihres Hauses stehen sieht. Sie haßt seine Feinde. Sie liebt jene Personen, die ihm teuer sind. Sie mag das, was er mag. Entsprechend seiner guten oder schlechten Laune verhält sie sich. Sie bekundet Neugier, seine Ehefrauen zu sehen. Ihr Ärger verfliegt rasch wieder. Sie verdächtigt ihn, daß die von

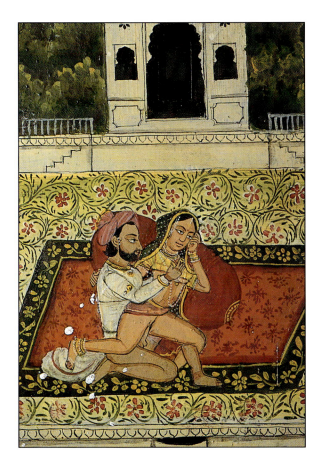 

Oben: Die Zeichen der Frau für Mangel an Freude und für fehlende Befriedigung sind folgende: Sie schüttelt ihre Hände. Sie läßt den Mann nicht aufstehen. Sie fühlt sich deprimiert, beißt den Mann, stößt ihn und fährt fort, sich zu bewegen, nachdem der Mann fertig ist.

Seite gegenüber: Mit zunehmender Beharrlichkeit zerstreut er ihre Ängste und bringt sie allmählich dazu, mit ihm an einen einsamen Ort zu gehen, wo er sie umarmt und küßt. Eine Frau, die einen Mann an abgelegenem Orte trifft, die Berührung seines Fußes spürt, aber vorgibt, sich dessen nicht bewußt zu sein, weil sie sich noch nicht entschieden hat, muß mit Geduld und durch ständiges Bemühen erobert werden.

ihren Nägeln und Zähnen verursachten Markierungen und Wunden auf seinem Körper von anderen Frauen stammen. Sie drückt ihre Liebe zu ihm nicht mit Worten aus, sondern zeigt sie durch Gesten, Zeichen und Andeutungen. Sie verhält sich still, wenn er schläft, betäubt oder krank ist. Sie lauscht aufmerksam, wenn er von seinen guten Taten berichtet und wiederholt sie danach, um ihn zu loben. Sie gibt ihm witzige Antworten, wenn sie sich schon lange genug kennen. Sie hört sich all seine Geschichten an, außer jenen, die von ihren Rivalinnen handeln. Sie drückt ihre Gefühle von Kummer und Sorge aus, wenn er seufzt, gähnt oder stürzt. Sie wünscht ihm Gesundheit, wenn er niest. Fühlt sie sich niedergeschlagen, so gibt sie Krankheit vor oder äußert den Wunsch nach Schwangerschaft. Sie unterläßt es, die guten Eigenschaften anderer zu loben und jene Personen zu tadeln, die dieselben Fehler wie ihr eigener Mann haben. Sie trägt alles, was er ihr geschenkt hat. Sie unterläßt es, ihren Schmuck anzulegen, Nahrung zu sich zu nehmen, wenn er Schmerzen leidet, krank ist, schlechte Laune hat oder vom Pech verfolgt wird. Sie bemitleidet ihn in solchen Fällen. Sie wünscht, ihn zu begleiten, wenn er das Land aus freien Stücken verläßt oder vom König verbannt wird. Sie versichert ihm, daß der Sinn und Zweck ihres Lebens der ist, mit ihm zusammen zu sein. Sie opfert den Göttern, wenn er zu Reichtum gekommen ist, sich andere Wünsche erfüllt haben oder er von einer Krankheit genesen ist. Täglich legt sie den Schmuck von ihm an. Sie agiert nicht zu frei mit ihm. In ihren Liedern erwähnt sie seinen Namen und den seiner Familie. Sie legt ihre Hände auf seine Lenden, Brust und Stirn und wird müde, wenn sie die Freude dieser Berührung gespürt hat. Sie sitzt auf seinem Schoß und schläft ein. Sie wünscht sich ein Kind von ihm. Sie wünscht, nicht länger zu leben als er. Sie plaudert seine Geheimnisse nicht aus. Sie bringt ihn vom Gelübde und vom Fasten ab, indem sie sagt: "Soll mich die Sünde treffen." Kann sie ihn davon nicht abbringen, dann leistet sie mit ihm das Gelübde und fastet wie er. Sie erklärt ihm, daß Gelübde und Fasten einzuhalten, schwierig ist, auch für sie selbst, wenn es zwischen ihnen darüber Streit gibt. Sie kümmert sich um ihren Besitz ebenso wie um seinen. Sie geht ohne ihn nicht zu öffentlichen Versammlungen und begleitet ihn, wie er es wünscht. Sie erfreut sich

daran, Dinge zu nutzen, die er zuvor in Gebrauch hatte. Sie ißt gern die Reste von seinen Mahlzeiten. Sie verehrt seine Familie, seine künstlerischen Fähigkeiten, seinen Lerneifer, seine Kaste, seinen Hautteint, sein Geburtsland, seine Freunde, seine guten Eigenschaften, sein Alter und seine angemehme Art. Sie bittet ihn, zu singen und ähnliche unterhaltsame Dinge zu tun. Sie geht zu ihm ohne Furcht, ohne auf Kälte, Hitze oder Regen zu achten. Sie beteuert ihm, daß sie ihn auch in der anderen Welt als Liebsten haben möchte. Sie paßt sich seinem Geschmack, seinem Auftreten und Handeln an. Sie verhext ihn nicht. Sie streitet sich fortwährend mit ihrer Mutter darüber, zu ihm gehen zu dürfen. Und wenn sie von ihrer Mutter an einen anderen Ort verschleppt wird, droht sie damit, sich zu vergiften, sich zu Tode zu hungern, sich mit einem Messer umzubringen oder sich zu erhängen. Und schließlich versichert sie mittels eines Agenten den Mann ihrer Beständigkeit und Liebe. Sie mag Geld erhalten, doch zankt sie sich mit ihrer Mutter nicht wegen finanzieller Angelegenheiten. Geht der Mann auf Reisen, so läßt sie ihn schwören, daß er schnell wieder zurückkommt. In seiner Abwesenheit setzt sie ihre Gelübde beim Anbeten der Götter aus und trägt keinen Schmuck, außer den glückverheißenden Amuletten. Wenn die Zeit seiner Rückkehr schon überschritten ist, sollte sie sich bemühen, durch Omen, Berichte anderer und aus den Positionen der Planeten, des Mondes und der Sterne den wirklichen Termin seiner Rückkehr zu erfahren. Bei amüsanten Gelegenheiten und schönen Träumen soll sie sagen: „Laß mich schnell wieder mit ihm vereint sein." Beschleicht sie Traurigkeit oder sieht sie ein böses Omen, so muß sie einige Riten ausführen, um die Gottheit gütig zu stimmen.

Bei der Heimkehr des Mannes sollte sie den Gott Kama anbeten und den anderen Gottheiten Opfergaben darreichen. Nachdem auf ihre Bitte hin ihre Freundinnen einen Topf mit Wasser brachten, führt sie die Anbetung zu Ehren der Krähe durch, die die Opfergaben frißt, die wir für die Verstorbenen hinlegen. Nach dem ersten Besuch sollte sie ihren Liebhaber bitten, ebenfalls gewisse Riten zu zelebrieren, was er tun wird, wenn er ihr ausreichend zugetan ist.

Ein Mann wird dann als ausreichend einer Frau zugetan betrachtet, wenn seine Liebe selbstlos ist; wenn er dasselbe Ziel ansteuert wie seine Geliebte; wenn er ziemlich frei ist von Verdächtigungen ihr gegenüber; und wenn er sich ihr gegenüber in Gelddingen großzügig zeigt.

Dies ist die Art einer Kurtisane, mit einem Mann wie seine Gattin zu leben, wie es die Anleitungen von Dattaka vorsehen. Was hier nicht festgehalten wurde, muß dem Brauch der Menschen und dem Wesen jedes einzelnen Mannes entsprechend gehandhabt werden. Dazu gibt es zwei Merksätze: „Das Ausmaß der Liebe einer Frau ist wegen deren Schlauheit, Habsucht und natürlichen Intelligenz nicht bekannt, auch denen nicht, die das Objekt ihrer Zuwendung sind.

Obwohl sie Männer lieben mögen oder ihnen gegenüber gleichgültig werden, obwohl sie ihnen Freude schenken oder sie verlassen oder allen Reichtum, den die Männer besitzen, aus ihnen herausquetschen, ist das wahre Wesen der Frauen doch vollkommen unergründlich.

III

Von den Mitteln, Geld zu bekommen. Von den Anzeichen erkalteter Gefühle, und wie sie den Liebhaber los wird

Geld kann man einem Liebhaber auf zweierlei Art abzwacken: durch natürliche und gesetzliche Mittel sowie durch List. Alte Autoren sind der Ansicht, eine Kurtisane sollte nicht zur List greifen, wenn sie so viel Geld von ihrem Liebhaber erhalten kann, wie sie mag. Doch Vatsyayana behauptet, daß, auch wenn sie etwas Geld von ihm auf natürliche Weise bekommen mag, sie mit Kniffen das Doppelte von ihm erhalten kann. Deshalb sollte zum Zwecke des Gelderwerbs bei allen sich bietenden Gelegenheiten zur List gegriffen werden.

Die Tricks, um an Geld von ihrem Liebhaber zu kommen, sind folgende: Sie verlangt bei unterschiedlichen Gelegenheiten Geld von ihm, um verschiedene Artikel einzukaufen, zum Beispiel Opfergeräte, Essen, Getränke, Blumen, Parfüms und Kleidung. Entweder kauft sie gar nichts oder sie erhält von ihm mehr Geld, als die Sachen kosten. Sie lobt seine Intelligenz übermäßig. Sie gibt vor, sie müsse Geschenke machen anläßlich von Festivals, die mit Gelübden, mit Bäumen, Gärten, Tempeln und heiligen Teichen verbunden sind. Sie gibt vor, daß ihr auf dem Wege zu seinem Haus entweder von den Wächtern des Königs oder von Räubern die Juwelen abgenommen wurden. Sie behauptet, ihr Besitz sei durch Feuer, den Einsturz des Hauses oder durch Unachtsamkeit der Diener zerstört worden. Sie täuscht den Verlust der Opfergeräte ihres Liebhabers sowie ihrer eigenen vor. Sie bringt ihm über andere Personen zur Kenntnis, wie hoch ihre Aufwendungen seien, um ihn zu treffen. Um des Liebsten willen macht sie Schulden. Sie streitet mit ihrer Mutter über einige Ausgaben, die sie wegen ihres Liebhabers machte, und die von ihrer Mutter nicht akzeptiert werden. Sie geht nicht zu Gesellschaften und Festen in die Häuser ihrer Freunde aus Mangel an Geschenken für sie. Andererseits hat sie vorab ihren Liebhaber über die wertvollen Geschenke informiert, die sie von eben diesen Freunden erhalten hat. Sie läßt gewisse festliche Riten unter dem Vorwand ausfallen, sie habe dafür kein Geld. Sie engagiert Künstler, die etwas für ihren Liebhaber tun müssen. Sie hält Kontakt zu Ärzten und Ministern, um ein Ziel zu erreichen.

Sie unterstützt Freunde und Wohltäter zu festlichen Anlässen und bei Unglücken. Sie praktiziert Rituale im Haushalt. Sie muß die Ausgaben der Hochzeit des Sohnes einer Freundin bezahlen. Sie muß die eigenartigen Wünsche während ihrer Schwangerschaft erfüllen. Sie täuscht Krankheit vor und rechnet die Behandlungskosten vor. Sie muß die Probleme eines Freundes aus der Welt schaffen. Sie verkauft einige ihrer Opfergeräte, damit sie sich ein Geschenk für ihren Liebhaber leisten kann. Sie tut so, als ob sie etwas von ihrem Schmuck, den Möbeln, den Haushaltsgeräten einem Händler verkauft, der bereits eingewiesen wurde, wie er sich zu verhalten hat. Sie muß Küchengeräte von großem Wert kaufen, so daß sie sich leichter von denen der Nachbarn unterscheiden lassen und nicht mit minderwertigen verwechselt werden können. Sie erinnert sich früherer Gunst ihres Liebhabers und veranlaßt ihre Freunde und Gefolgsleute, davon zu reden. Sie erzählt dem Liebhaber von den

Oben: Eine erfinderische Person sollte die Stellungen für den Beischlaf nach den verschiedenen Paarungsarten von Tieren und Vögeln vervielfachen. Denn diese verschiedenen Stellungen beim Sex, ausgeführt nach dem Brauch jedes Landes und nach dem Geschmack jedes Individuums, erzeugen Liebe, Freundschaft und Achtung in den Herzen der Frauen.

Seite gegenüber: Wenn Mann und Frau ihre Körper gegenseitig abstützen...und die Frau, auf seinen Händen sitzend und von unten gehalten, ihre Arme und seinen Nacken schlingt und ihre Schenkel hoch zur Hüfte zieht und dabei noch ihre Füße bewegt, dann heißt das die „schwebende Vereinigung".

großen Gewinnen anderer Kurtisanen. Im Beisein ihres Liebhabers berichtet sie vor anderen Kurtisanen von ihren großen Gewinnen und macht sie noch größer als die der anderen, obwohl das gar nicht der Fall ist. Öffentlich wehrt sie die Versuche der Mutter ab, die sie davon überzeugen will, wieder Kontakte zu früheren Bekannten zu knüpfen, weil die sehr spendabel gewesen seien. Schließlich verweist sie ihren Liebhaber auf die Freigebigkeit seiner Rivalen.

Dies zu den Wegen und Mitteln einer Kurtisane, an Geld zu kommen.

Eine Frau sollte stets die Gemütslage, die Gefühle und die Einstellung ihres Liebhabers zu ihr aus Veränderungen seines Temperaments, seines Benehmens und seiner Gesichtsfarbe ablesen.

Das Verhalten eines Mannes, dessen Liebe abnimmt, äußert sich so: Er gibt der Frau entweder weniger, als verlangt wird, oder etwas anderes als das Verlangte. Er hält ihre Hoffnung durch Versprechen aufrecht. Er täuscht vor, eine Sache zu machen, macht aber etwas anderes. Er stillt ihr Verlangen nicht. Er vergißt seine Versprechungen, oder er tut etwas anderes als das Versprochene. Er spricht mit seinen Bediensteten auf geheimnisvolle Weise. Er schläft unter dem Vorwand, etwas für einen Freund erledigen zu müssen, in einem anderen Haus. Schließlich spricht er privat mit dem Dienstpersonal einer Frau, mit der er bereits früher Bekanntschaft gemacht hatte.

Bemerkt eine Kurtisane, daß sich die Einstellung ihres Liebhabers ihr gegenüber ändert, sollte sie die besten Sachen in Besitz nehmen, ehe er begreift, was ihre Absichten sind. Ein angeblicher Gläubiger könnte das ja gewaltsam als Abgleichung einer angeblichen Verschuldung an sich genommen haben. Handelt es sich um einen reichen Liebhaber, der sich stets ordentlich ihr gegenüber verhalten hat, so sollte sie ihm danach stets mit Respekt begegnen. Wenn er aber arm und mittellos ist, sollte sie sich von ihm so trennen, als wäre sie mit ihm auf gar keine Weise bekannt gewesen.

Auf folgende Art kann man einen Liebhaber loswerden: Sie beschreibt mit Hohn und Spott die Gewohnheiten und Unarten des Liebhabers als tadelnswert und nicht akzeptabel. Sie redet über ein Thema, von dem er nichts versteht. Sie zeigt keine Bewunderung für seine Studien, sondern tadelt ihn deswegen. Sie erweist ihm bei allen Anlässen keine Achtung. Sie kritisiert Männer, die dieselben Fehler haben wie ihr Liebhaber. Sie äußert Mißfallen über die Mittel und Methoden des Vergnügens, die er anwendet. Sie verweigert ihm den Mund zum Kuß sowie ihren *Jaghana*, also den Teil ihres Leibes zwischen Nabel und Oberschenkel. Sie zeigt Mißbehagen über die von seinen Nägeln und Zähnen verursachten Wunden. Sie schmiegt sich nicht an ihn, wenn er sie umarmt. Sie bewegt ihren Körper beim Koitus nicht. Wenn er müde ist, wünscht sie gerade, mit ihm sexuell zu verkehren. Sie spottet über seine Zuneigung zu ihr. Sie erwidert seine Umarmungen nicht. Sie wendet sich ab, wenn er sie umfassen will. Bemerkt sie, daß er sie während des Tages begatten will, macht sie sich zum Ausgehen fertig. Sie verdreht seine Worte. Sie lacht, ohne daß ein Witz gemacht wurde. Sie lacht unter einem Vorwand. Sie schielt auf ihre eigenen Bediensteten und klatscht in die Hände, wenn er etwas sagen will. Sie unterbricht ihn mitten in seinen Ausführungen und beginnt, von etwas ganz anderem zu berichten. Sie zählt seine Fehler und Schwächen auf und erklärt sie als unheilbar. Sie sagt etwas zu ihrer Dienerin, was ihm ins Herz schneidet. Sie nimmt ihn nicht zur Kenntnis, wenn er zu ihr kommt. Sie äußert Wünsche, die er nicht erfüllen kann. Nach all dem schickt sie ihn zu guter Letzt fort.

Zu diesem Thema gibt es die beiden folgenden Merksätze: „Die Aufgabe einer Kurtisane besteht darin, nach gewissenhaftem Abwägen Verbindungen zu geeigneten Männern zu knüpfen, und die Person, mit der sie eine Beziehung eingehen möchte, an sich zu binden. Außerdem will sie Reichtum erwerben von dem Mann, der sich ihr zugewandt hat und den sie dann entläßt, wenn sie in dessen gesamten Besitz gekommen ist."

Eine Kurtisane, die auf diese Weise das Leben einer Ehefrau führt, wird nicht von zu vielen Liebhabern behelligt und kommt dennoch in den Besitz von enormem Vermögen.

Hat eine Kurtisane sich entschlossen, den früheren Liebhaber wieder aufzunehmen, sollte ihr Pithamarda oder ein anderer Diener ihm mitteilen, daß sein Hinauswurf von der Bosheit ihrer Mutter verursacht wurde, daß die Frau ihn noch genauso liebt wie früher, sie sich aber gegen den Willen der Mutter nicht durchsetzen konnte, daß sie die Beziehung mit dem gegenwärtigen Liebhaber verabscheue und ihn ausgesprochen widerlich finde. Zusätzlich könnte sie neues Vertrauen in ihm wecken, indem sie ihn an ihre frühere Liebe zu ihm erinnert und indem sie anspielt auf das Zeugnis jener

Liebe, das sie nie vergessen wird. Dieses Liebesmal sollte Bezug haben zu einer Art von Vergnügen, das er ihr verschafft haben könnte, beispielsweise seine Art des Küssens oder seine Beziehung zu ihr.

So bringt man die Wiedervereinigung mit einem früheren Liebhaber zustande.

Wenn eine Frau zwischen zwei Liebhabern zu wählen hat einer war früher einmal mit ihr verbunden, während der andere ein Neuling ist -, dann ist der erste vorzuziehen, weil seine Einstellung und sein Charakter bereits durch früheres sorgfältiges Abwägen bekannt sind. Er kann auf einfache Art erfreut und befriedigt werden. Das denken jedenfalls die Acharyas (Weisen). Doch Vatsyayana glaubt, daß ein ehemaliger Liebhaber, der schon eine Menge von seinem Vermögen aufgewendet hat, nicht fähig oder willens ist, nochmals viel Geld für eine solche Beziehung zu geben. Deshalb sollte man sich weniger auf ihn und mehr auf einen Neuling konzentrieren. Natürlich kann es besondere Fälle geben, die wegen des unterschiedlichen Wesens der Männer von dieser allgemeinen Regel abweichen.

Die Merksätze zu diesem Thema lauten: „Wiedervereinigung mit einem ehemaligen Liebhaber mag wünschenswert sein, um eine bestimmte Frau von einem bestimmten Mann zu trennen oder einen speziellen Mann von einer speziellen Frau, oder um einen gewissen Effekt beim gegenwärtigen Liebhaber zu erreichen."

Wenn ein Mann über die Maßen an einer Frau hängt, dann möchte er verhindern, daß sie mit anderen Männern in Kontakt kommt. Er übersieht dann ihre Fehler und verhilft ihr zu viel Vermögen, aus Angst sie zu verlieren.

Eine Kurtisane sollte mit dem Mann einverstanden sein, der ihr zugetan ist, und den Mann verachten, der sich nicht um sie kümmert. Wenn sie mit einem Mann zusammenlebt und ein Bote von einem anderen Mann zu ihr kommt, mag sie es ablehnen, mit ihm zu verhandeln. Oder sie kann einen anderen Zeitpunkt vereinbaren für einen Besuch von ihm bei ihr. Aber sie sollte den Mann nicht verlassen, der mit ihr lebt und ihr zugetan ist.

Eine kluge Frau erneuert ihre Beziehung zu einem früheren Liebhaber nur, wenn sie überzeugt davon ist, daß Glück, Gewinn, Liebe und Freundschaft das mögliche Resultat einer solchen Wiedervereinigung sind.

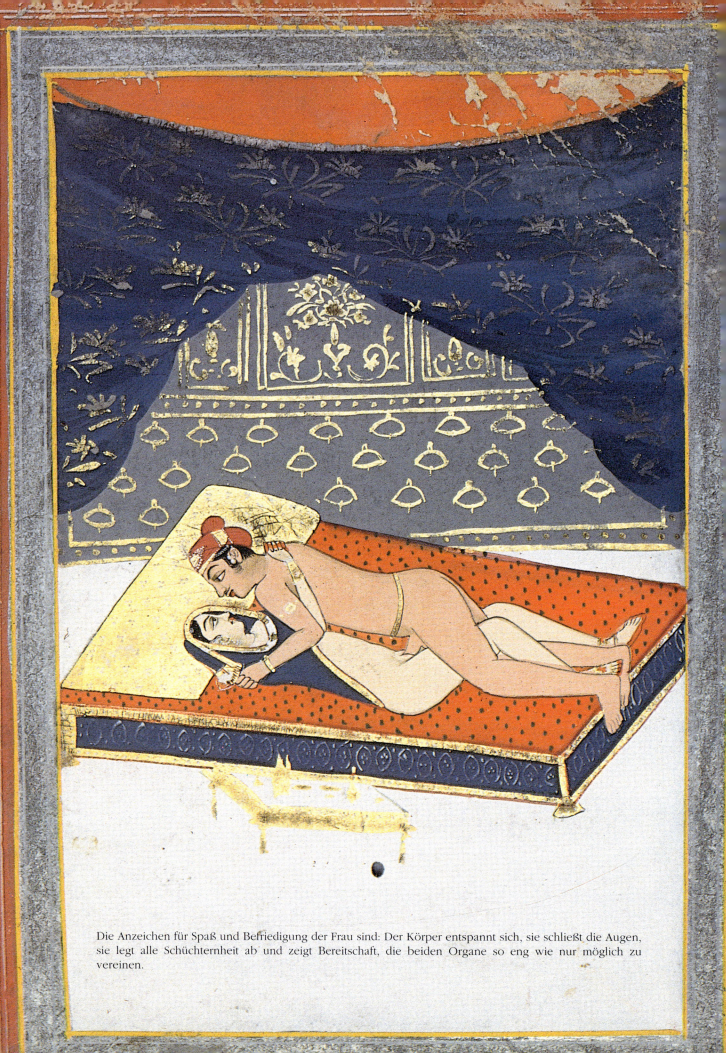

Die Anzeichen für Spaß und Befriedigung der Frau sind: Der Körper entspannt sich, sie schließt die Augen, sie legt alle Schüchternheit ab und zeigt Bereitschaft, die beiden Organe so eng wie nur möglich zu vereinen.

Wenn nach Beginn des Koitus die Frau die Beine hebt und auf die Schultern des Liebsten legt, dann heißt das die „gähnende Stellung".

So endet diese Abhandlung über die Kunst der Liebe

So endet das *Kamasutra* von Vatsyayana, das man auch eine Abhandlung über Männer und Frauen, über ihre Partnerschaft und über ihre Beziehungen zueinander nennen könnte. Es ist ein Werk, das von allen studiert werden sollte, von Alt und Jung. Die Alten werden darin viel Wahres finden, bestätigt aus eigenen Erfahrungen und von ihnen selbst geprüft, während die Jungen dem Werk viel Wissenswertes zum eigenen Vorteil entnehmen können, was sie sonst vielleicht nie erfahren würden, oder das sie lernen, wenn es schon zu spät ist, daraus Nutzen zu ziehen.

Es kann auch den Studenten der Sozialwissenschaft und der Menschenkunde empfohlen werden und vor allem den Studenten jener frühen Ideen, die sich allmählich im Zeitenlauf entwickelten, und die zu beweisen scheinen, daß das menschliche Wesen von heute genau dasselbe ist wie das vor langer Zeit. Man sagt von Balzac, er habe über eine natürliche und intuitive Auffassung vom Fühlen der Männer und Frauen verfügt. Das hat er in einer Analyse beschrieben, die eines Wissenschaftlers würdig ist. Der Autor des vorliegenden Werkes muß ebenfalls ein beträchtliches Wissen über die menschliche Natur gehabt haben. Viele seiner Bemerkungen sind von solcher Schlichtheit und Wahrheit, daß sie die Prüfung der Zeit bestanden haben und noch so klar und wahrhaft wirken wie zu jener Zeit, als sie niedergeschrieben wurden.

Dabei handelt es sich um eine Sammlung von Fakten, die in offener und schlichter Sprache dargelegt sind. Man muß daran erinnern, daß in jenen frühen Jahren es offenbar keine Notwendigkeit gab, das Werk durch literarischen Stil, flüssige Sprache oder voluminöses Wortgetöse auszuschmücken. Der Autor berichtet der Welt in sehr prägnanter Sprache, was er weiß, ohne den Versuch zu unternehmen, eine spannende Geschichte zu erzählen. Wie viele Romane könnten auf der Grundlage seiner Fakten geschrieben werden!

Zuletzt ein Wort zum Autor des Werkes, dem Weisen Vatsyayana. Sehr bedauerlich ist, daß über seine Herkunft, sein Leben und dessen Umstände nichts bekannt wurde. Er gibt an, daß er das Werk verfaßte, als er das Leben eines Religionsstudenten (wahrscheinlich in Benares) führte, während er sich ganz und gar in die Anbetung der Gottheit versenkt hatte. Zu jener Zeit mußte er bereits ein gewisses Alter erreicht haben, denn die Vermittlung seiner Erfahrungen und Meinungen trägt den Stempel des Alters und nicht der Jugend. Dieses Werk hätte ein junger unerfahrener Mann kaum schreiben können.

In einem wunderbaren Vers der Heiligen Schrift der Christen wird von den seligen Toten gesprochen und davon, daß sie friedvoll von ihrer Arbeit ausruhen und daß ihr Werk sie überdauert. Ja gewiß, das Werk genialer Menschen bleibt ein ewiger Schatz. Und wenn es auch Dispute und verschiedene Meinungen über die Unsterblichkeit von Körper oder Seele gibt, so kann doch niemand die Unsterblichkeit des Genius verneinen, der stets ein heller Leitstern im Kampf der Menschengeschlechter aufeinander folgender Zeitalter bleibt. Mit dem vorliegenden Werk, welches sich über Jahrhunderte bewährte, hat sich Vatsyayana einen Platz in der Reihe der Unsterblichen erobert. Darüber und über ihn kann es kaum eine schönere Lobpreisung geben als die Zeilen von Shakespeare:

Solang als Menschen atmen, Augen sehn
wird dies und du, der darin lebt, bestehn.